遇見崇川

MEET CHONGCHUAN

温故

崇川历史文化回眸

Chongchuan
History & Culture
Review

REVIEW OUR
PAST

南通报业传媒集团　编著

文物出版社

图书在版编目（CIP）数据

遇见崇川 / 南通报业传媒集团编著 . -- 北京 ：文
物出版社，2023.11

ISBN 978-7-5010-8222-3

Ⅰ．①遇… Ⅱ．①南… Ⅲ．①区（城市）—概况—南通
Ⅳ．①K925.34

中国国家版本馆 CIP 数据核字 (2023) 第 202836 号

遇见崇川

编　　著：南通报业传媒集团

装帧设计：岳招军　高　坚
责任编辑：孙　霞
责任印制：张道奇

出版发行：文物出版社
社　　址：北京市东城区东直门内北小街 2 号楼
邮　　编：100007
网　　址：http://www.wenwu.com
经　　销：新华书店
印　　刷：盐城志坤印刷有限公司
开　　本：787mm×1092mm 1/16
印　　张：37.75
版　　次：2023 年 11 月第一版
印　　次：2023 年 11 月第一次印刷
书　　号：ISBN 978-7-5010-8222-3
定　　价：158.00 元（全四册）

总顾问

胡拥军　杨万平

总策划

胡卫东　王　霞　施小镭

总创意

徐海燕　杨晶晶

总编辑

宋　捷

总监制

沈　俊　叶　国

主　编

张　坚

撰　稿

张　坚　赵　彤　杨镇潇　冯启榕　朱晖斌

沈　樑　蒋娇娇　周朝晖　李　波

摄　影

许丛军　彭常青　徐培钦　晓　庄　赵　春

施东升　黄　哲　江建华　王俊荣　吴银晨

娄忠银　管　平　赵子诣　冒小平　杨　斌

装帧设计

岳招军　高　坚

手绘插画

朱　佳

编　务

高俊明

（图片作者署名如有遗漏，请及时与编者联系）

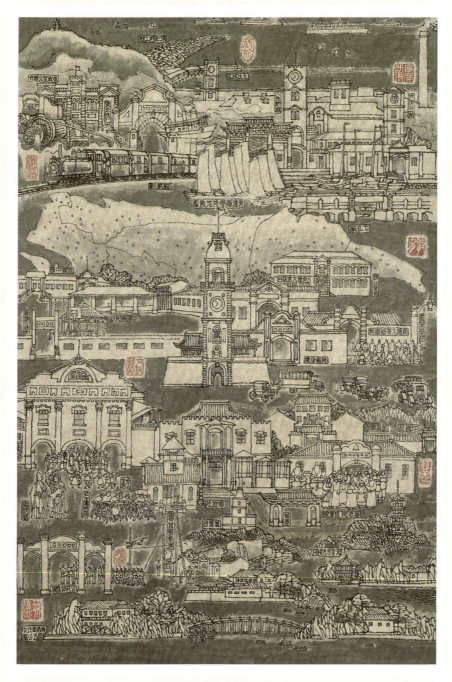

《近代第一城》（局部）

见贤思齐 温故知新

——与世纪老人张绪武先生的对话

（代 序）

宋 捷：张主席好！在张謇先生诞辰 170 周年之际，由南通报业传媒集团编写的这套《遇见崇川》，即将由文物出版社出版发行。在邀请由谁来作序时，大家都不约而同地想起了您。古往今来，找不出第二个人，比您的祖父张謇先生和崇川有这么广和深的渊源。用章开沅先生的话来说，"至今在这个地方，到处可以感受到他的存在"。

这套《遇见崇川》丛书，分为思贤、温故、看景、博物四大板块，努力从四个维度，勾勒崇川大地的人文风物特征。我们发现，无论是从哪个角度看崇川，都能感受到张謇先生的遗存。他总是和我们如影相随，似乎一直没有离开过我们。

张绪武：谢谢大家想到我。过去，一个学子，考上状元，都会留京入仕。我祖父也一样。1894 年，祖父考上状元后，被授予翰林院修撰，就留在北京做事。但不久，曾祖父彭年公去世了，祖父就回到家乡守制。

此后 30 多年，他把大部分时间和精力，都投入到家乡南通的建设上。祖父建设的"一城三镇"，现在都在崇川区内。祖父在这里全面开展了他的早期现代化实践，他要将南通建成一个典范，示范全国，用他自己的话说，就是要"建设一新世界雏型"。他开辟了新的工业区和港口区，发展经济；在城里进行文化、教育、商业、市政等现代化建设，开风气之先；还将狼山一带建成风景休闲区。

经过二十年的苦心经营，南通终被中外人士誉为"模范县"。祖父就请自己的学生费范九编了一本书，他亲自取了书名《南通地方自治十九年之成绩》，书籍是 1914 年开始编写的，1915 年出版，就是希望南通模式能够辐射全国。

宋 捷：五代十国末期，后周世宗柴荣选择时称静海的江海一隅筑城设州，开启南通城市建设的大门。600 多年前，明代政治家刘伯温题写"崇川福地"的金字牌匾。千百年来，一代代先贤在崇川大地留下了一串串历史屐痕。骆宾王、王安石、文天祥、曹顶、胡长龄、陈实功、李方膺……而细数和崇川有渊源的先贤，张謇时代可谓双向奔赴。古往今来，南通大概无人能和张謇先生比拼自己的朋友圈。他那个时代的各界精英都因为他而来到南通，和崇川有了不可多得的交集。

张绪武：咱们崇川的确是个福地。"模范县"的建成，不只是祖父一个人的功劳。祖父在建设家乡的过程中，得到很多人的帮助，后来又有很多志同道合的朋友和他的学生参加了进来。比如说，大生纱厂建设初期，两江总督张之洞、刘坤一等给予了很大支持，老师翁同龢亲自题赠了对联"枢机之发动乎天地，衣被所及遍我东南"；办教育的时候，祖父邀请了后来被公认为国学大师的王国维、日本人吉泽嘉寿之丞来任教。当然还有他的学生江谦，成为他最重要的助手；办水利事业有荷兰工程师特莱克；办文化事业有刺绣大师沈寿、戏剧大师梅兰芳和欧阳予倩，还有韩国诗人金沧江，等等。费孝通、束星北、赵丹，他们在童年时代就随父辈来到崇川，也都留下难忘的印记。还有他们的很多后人，直到今天，跟我们南通，跟我们张氏家族，还保持着联系，传续着友谊。

宋　捷：进入 21 世纪以来，崇川区内许多学校和博物苑、医院、剧院等公共事业都纷纷迎来百年华诞、百十庆典，有的甚至走过双甲子历程。抚今追昔，人们在盘点本地英才时，都感慨崇川走出的院士多，画家多，世界冠军也多，各行各业都有崇川籍翘楚。这也得益于张謇先生当年深耕的基础教育。他对崇川最大的贡献之一，是在这里建立了完整的教育体系，对民众进行现代化的启智开蒙。就如中央统战部副部长、国家民委主任潘岳所说，张謇学校里出来的，是一批批优秀基层教师，一批批有文化的工人农民，一批批医生与农技师，一批批学会基本技能的残疾人。正是这些有文化的普通人，持续孕育出一代代崇川骄子。他们化成了中国现代化沃土中的一粒粒种子，也化成推动崇川大地几代民众素质提升的一滴滴清泉。

张绪武：我们张氏家族，祖籍在通州金西，祖父出生在海门常乐，但是祖父的事业主要是在崇川。祖父认为，教育可以开启民智，所以他要办教育。通州师范学校（今南通高等专科师范学校）、女子师范学校（今通师二附）、通师一附、南通中学、盲哑学校（今南通特殊教育中心），还有农业、纺织、医学三所专门学校（今南通大学）。当然，他在崇川还办了许多其他学校。100多年来，为国家培养了无数的人才。直到今天，这些学校还在继续为咱们国家的现代化建设服务。

宋　捷：今天，当我们编撰系列丛书《遇见崇川》时，无论是思贤还是温故，也不管是状物还是看景，张謇先生始终是最大的亮点。他的创业奋斗史已经和近代南通城的发展史融为一体。他以一种自觉的公众意识和公共情怀，为崇川留下不胜枚举的公共空间。无论是在狼山览胜还是濠河赏景，总有那么多有故事的张謇遗存。一位知名学者说过，近代南通是"城市美学的范本"，公共空间对中华文化的重大补充，可以作为张謇研究新的坐标。

张绪武：从古到今，南通都是一座有文化底蕴的城市。祖父能考中状元，他当然是在中国传统文化熏陶下成长的。所以，祖父建设南通，一开始就把文化放在非常重要的位置上。他创办南通博物苑、图书馆、翰墨林印书局、女红传习所、伶工学社，等等，都是开风气之先的。

他重视文化建设，跟重视教育一样，都是为了开启民智，改良社会，使国家强大。比如说，他认为利用戏剧改良社会，号召力最大，最容易感化人。于是，他建造了当时很先进的更俗剧场，邀请梅兰芳和欧阳予倩到南通同台演出。他对戏剧也进行过大量的改革，他鼓励甚至亲自为梅兰芳改戏，从戏剧的场面、道具，到语言，都更契合他用戏剧改良社会的初衷。另外，祖父用自己和家人的私资，建了公园、体育场、养老院、育婴堂、残废院、栖流所，等等，他建了这么许多公共慈善设施，就是想把南通建成一个理想的文化城市。

宋　捷：据我所知，您小学和高中都曾在崇川就读，1950年从南通学院纺织科毕业后，北上佳木斯，一去就是三十年。20世纪80年代初，您从佳木斯南归回到南通，先后在市纺科所、纺工局、市政府工作过，在崇川生活了四年。您对家乡的风土人情有什么记忆？

张绪武：我出生在启秀别业，房子还在，就在南通博物苑南大门外。出生后不久，父母就带我搬回到濠南别业。我小学是在通师一附就读的。抗战时期，我在南通中学读书，受进步思想影响，我参加了革命组织。当时，母亲带着我，还有一个丫鬟阿宝，就我们三个人，住在濠阳小筑，掩护地下党组织的王敏之同志在濠阳小筑开展工作。我母亲还亲自为王敏之取名"陈克然"，因为"克"是我母亲陈家的下一代排行，我母亲就对外说，克然是安徽老家来的侄子。后来，我上了大学，在南通学院读纺织，就在大生纱厂里面，现在也是崇川了。所以，我在崇川出生、成长、学习、参加革命，我对崇川的感情是很深的。你们编写的这套书——《遇见崇川》，里面写的很多情、很多景、很多人、很多事，都勾起我对往事的回忆。

　　宋　捷：是啊，不仅是您，最近几年，我们在做《世纪风云中的南通人口述史》时，好多受访的老人会谈到，离开家乡的日子，常常思念崇川的风物民俗乃至风味小吃。在外地看到放风筝，便会想起家乡的"鹞子"。收麦子的季节，又自然会想起家乡特有的用青麦粒制成的"冷蒸"。童子戏、放烧火、草鞋底、黑塔菜……这些悠远绵长、浓得化不开的记忆，伴随他们从青少年时代一直走到老年。这些年来，因为和崇川有着割不断的渊源，只要家乡有请求，鲐背之年的您总是一口应允，频繁往来于京通两地之间。您一定有不少感慨吧？

　　张绪武：这是因为家乡人民对我们张氏家族的爱。很多年来，家乡人民一直关心着我们、爱护着我们。对我姐姐，对我，还有我的子孙，家乡人民一直都给予很好的照顾。所以，每次在电视里看到家乡的镜头，或有家乡的人到北京看我，我就特别高兴。近几年，我的小儿子慎欣在整理我父亲孝若公的史料，我就看到一些我父亲的来往信件、当年报纸上的报道，还有我父亲的一些演讲，等等。我父亲对南通的感情，也是"剪不断，理还乱"，很感人的。祖父、父亲把一生都奉献给了家乡南通，我也很高兴，我的后代没有辜负祖上的期望，继续为南通人民服务。所以，我们张家几代人，就是与崇川有着割不断的渊源。

宋　捷：长街短巷，市井烟火，是城市最温暖的所在。区划调整后，崇川跨入大城时代，城市能级和首位度明显提升，山水人城更加和谐相融，"一城三镇"之间原本大面积的农田，如今已华丽蝶变为欣欣向荣的街区。我们今天所遇见的，是一个充满活力的新崇川：旧城寺街西南营保存的那么完好，又注入时尚的元素；南边狼山一带，变成生机盎然的滨江森林生态长廊；而西部任港一带，改造成一个充满魅力的金色港湾；祖父一手打造的唐闸工业小镇，经过多年的沉寂后，近几年也变得格外迷人……一系列暖心的民生成绩单，更见证了崇川百姓的幸福生活。您对此有什么感受？

张绪武：今年是祖父诞辰 170 周年，他去世也快 100 年了。一代人有一代人的风华和使命。祖父身后的百年，世事沧桑，但家乡人民建设自己家园的脚步，从来没有停止过。我高兴地看到，祖父规划和建设的城市，"一城三镇"的城市格局，今天得到很好的传承和延续。而家乡南通，特别是崇川，发展得越来越好。地铁 1 号线居然通到我家门口，这在我祖父那个时代，是想也不敢想的。

2020 年 11 月 12 日，习近平总书记视察南通，两个点位都在崇川，点赞南通"好通"，说"幸福生活是你们亲手奋斗出来的"，赞扬我祖父是我国"民营企业家的先贤""民族企业家的楷模"。这是对咱们南通人民最大的肯定和鼓励，更加坚定了南通人民建设现代化国家的信心。今天生活在这块崇川福地上的南通人民，是最幸福的。

对话人：

张绪武：全国政协原常委，全国政协社会与法治委员会原副主任，南通大学名誉校长，张謇嫡孙。

宋　捷：南通市新闻工作者协会副主席，二级教授。历任南通日报社（集团）副社长、副总编辑，江海晚报总编辑等职。

目录

崇川福地的前世今生

"左窗可听海，右窗涌江声。城在水中坐，人在画中游。"

有一首诗，说的是一座城。这座城就是位于大江大海交汇处的南通。崇川是她的别名，如今也是其主城区的名字。

远在5000多年前的新石器时期，南通境内的海安青墩就点亮了江海文明的曙光。如今的南通市区一带，形成陆地则姗姗来迟。

大海与长江的合力托举，塑造出江海之洲。南北朝时期，也就是公元6世纪前后，长江口海域中相继涨出了胡逗洲等沙洲。如今崇川区境域，就位于胡逗洲的西南部。

最早的南通人踏上了胡逗洲，用煮海为盐的人间烟火，让这些从大海里升腾而出的土地不再寂寞清冷。胡逗洲在唐代属淮南道广陵郡海陵县。洲上设盐亭场，置盐官，此后逐步成为滨海的盐业重镇。

在唐代，位于狼山之顶的慈航院和如今寺街街区的报恩光孝寺就先后建立，此时南通城尚未出现，因此留下"现有寺，后有城"的说法。朝廷设立了"狼山镇遏使"，戍守胡逗洲及附近岛屿。唐朝末年，胡逗洲北部已经渐与陆地连接。

五代十国时期，从吴国到南唐，先后在此地设郡，称静海。后周显德五年（958年），周世宗柴荣挥师南下，尽收南唐的江北淮南之地。这一年，南唐的静海都镇制置院升为后周的静海军，随即又改称通州，辖静海、海门两县。州县同城，治所都在如今的崇川。这一年开始筑土城，立四门，开挖护城的濠河，被普遍认为是南通建城的开端。

通州之名的由来，没有确切说法。明末清初的《读史方舆纪要》上说："州据江海之会……周显德五年取其地，始通吴越之路，命名通

南通地形古图

州。"此地历来被视为"三通之地""东北海通远海诸夷，西南江通吴粤楚蜀，内运渠通齐鲁燕冀"。

后周显德六年（959年），通州地方官将原来所筑的土城改为砖城，并浚治了城外濠河，奠定了崇川境域中心地区的基础。

宋仁宗天圣元年（1023年），通州改称崇州。当时，仁宗赵祯为了给太后刘娥祝寿，昭告天下避太后父讳。太后的父亲名叫刘通，通州正好"撞"上了。崇州的崇字取自下辖的崇明。

天道二年（1033年）三月，刘太后逝世，八月，仁宗皇帝下诏中外，不要再避太后父讳，通州之名由得以恢复。尽管通州改崇州只有短短十年，但因为此时崇州有个别名叫"崇川"，这就是崇川之名的来源。

值得一提的是，崇川的来历得到了出土文物的印证。1976年5月，在南通市郊建闸工地发现木质地券一方，上面有毛笔沾墨书写的文字"□□国淮南道崇川城内厢惠民坊顾氏九娘，年登八十……"。地券所署的年份为宋天圣三年，即1025年。这个时间点，正好在改称崇州的

十年内。可见，当时人们就已经称州城为"崇川"了。更令人称奇的是，近千年以前的"惠民坊"至今仍在，就位于西南营历史文化街区内。

"六桥"之内的崇川古城，自建成起便构筑了十分精妙的人文景观。"筑壤而高土，凿地而神池"，护城河绕城周匝，城门内外衔接。西城门为来恩门，东城门为宁波门，南城城门为江山门。"通州无北门"，是因为自宋代出于城市安全考虑闭塞了北门，改建了北极阁。南大街是一条从北向南的中轴线，与城外江畔的狼山相对应，形成"五山拱北"的上佳格局。南通"江山一线，城濠一体"的格局，在中国古城中独树一帜。如今留下的寺街、西南营这"半城"，依旧可以让人领略其神韵。

由于南通地理位置的"偏安"，这里自古就是"兵家不争之地"。士大夫因此地职事清闲而称之为"淮南道院"，老百姓则因安居乐业、自然灾害少而赞其为"崇川福地"。当年的南通老城隍庙，门额上的大

从北向南看寺街在老城区的位置，画面的上方可见远处的五山和长江

匾就书写着四个大字"崇川福地"。

　　"畴昔是州今是县，江淮之委海之端。"张謇先生 1914 年为南通钟楼撰书的这副对联，概括了南通城当时的历史变革与地理方位。辛亥革命后，南通废州设县，称南通县。正是在这一时期，张謇在南通兴实业、办教育、做慈善、搞城建，创下了令南通人引以为豪的诸多"全国第一"，打造出国人靠自己力量所筑起的"中国近代第一城"。崇川成为实业救国和开风气之先的肇始地，南通被国人赞誉为"模范县"。

　　1949 年 2 月南通全境解放后，南通市建立。中华人民共和国成立后，这块古老的土地迎来了翻天覆地的改变。1991 年，南通城区更名为崇

川区，给这个充满历史感的名字赋予了新内涵。

2020 年 7 月，经国务院批复同意，设立新的南通市崇川区，将原港闸区的行政区域合并进来。

2020 年 11 月 12 日，习近平总书记考察江苏的第一站就来到南通五山地区滨江片区，听取五山及沿江地区生态修复保护、实施长江水域禁捕退捕等情况介绍，对南通构建生态绿色廊道的做法表示肯定。习近平总书记来到南通博物苑考察调研，提出要把南通博物苑和张謇故居作为爱国主义教育基地，让广大民营企业家和青少年受到教育。这是 770 多万江海儿女的至高荣誉和无上荣光，赋予这座城市奋进新征程的不竭动力和磅礴力量。

追梦路上，崇川人必将踔厉奋发。福地崇川，将书写高质量发展的沧桑巨变！

南通老城区夜色

江海合力塑造的沙洲

崇川前传：胡逗洲头看沧桑

　　滚滚长江奔流入海，在长江口将泥沙堆积成片片沙洲。斗转星移，这些的沙洲渐次与大陆相连，并慢慢向外拓展、延伸，孕育出广袤而肥沃的冲积平原。

　　胡逗洲，又名壶逗洲、胡豆洲，在 5 世纪即南北朝齐梁之时已经形成。到 6 世纪的梁朝，成为位于长江口北侧的一块较大的沙洲，江尾海端的一个岛屿。胡逗洲作为水中沙洲独立于长江中，历时约 600 年。

　　该沙洲因生长众多的胡豆（即蚕豆）而得名，也有学者认为岛的形状像一个胡豆荚。胡逗洲方圆不足百里，境域以今天的南通市区为中心，称得上是崇川区的前身。

南朝梁时的胡逗洲不再荒无人烟了，沙洲四边环水，洲上水泊纵横，封闭的环境与农、渔、盐生产的自给，使岛上民风淳朴。

胡逗洲之名最早进入中国历史的视野，是《梁书·侯景传》："（侯景）自沪渎入海至壶逗洲，前太子舍人羊鲲杀之，送尸于王僧辩。"原来，引发了天下大乱的那一场"侯景之乱"，始作俑者侯景最终魂断胡逗洲。

侯景是羯族人，原为东魏叛将，被梁武帝萧衍收留。后因对梁朝与东魏通好心怀不满，遂于太清二年（548年）起兵叛梁。他在第二年攻占梁朝都城建康，将梁武帝活活饿死在台城，掌控朝廷军政大权。侯景叛乱后，曾给自己加封了一个很有"穿越感"的头衔——宇宙大将军。不久自立为帝，国号汉。

梁承圣元年（552年）三月，侯景被陈霸先、王僧辩军击败，一路东窜，乘船从沪渎（今上海西）入海，准备逃往外海蒙山。其部将羊鹍（一作羊鲲）萌发了背叛的念头，把船驶向京口（今镇江）。船到了胡逗洲，

南通的成陆时间示意图

以侯景之乱为题材的油画作品

侯景发现航行方向不对，上岸询问。洲上的人告之，从胡逗洲向西可到广陵。侯景有意逃往广陵，羊鹍等遂以长矛终结了他疯狂的人生之旅。侯景，如同一匹来自北方的"狼"，最终倒在了狼山脚下。

侯景之乱是中国历史上的一次重大事件，其所造成的影响是非常深远的。陈寅恪指出："侯景之乱，不仅于南朝政治为巨变，并在江东社会上，亦为一划分时期之大事。"侯景之乱后，江南地区的社会经济遭到毁灭性的破坏，加剧了南弱北强的形势，为后来的隋朝统一中国奠定了基础。这一事件改变了南北朝时期的历史格局，始作俑者侯景最终的归宿就在胡逗洲上。

到了唐朝，当日本遣唐使团沿着运河在如东掘港登陆时，南通市区一带还是沙洲。唐代的胡逗洲，位于泰州海陵县东南约 119 公里的海中，洲东西长约 40 公里，南北宽约 17.5 公里。咸通四年（863 年），天宁寺始建于胡逗洲之上，古寺周边开始形成最早的街区，就是至今犹存的寺街。

唐时洲上的居民更多,《太平寰宇记》所记载的胡逗洲,"上多流人,煮盐为业",从一个侧面描绘了胡逗洲社会经济的发展。有学者对"流人"做了如下的解释：被流放来的人，落难后流落到此地的人。在那个年代，这些流人中不乏持不同政见的士子，传说"初唐四杰"之一的骆宾王也在兵败后流落到胡逗洲。骆宾王墓在明朝时被发现于通州黄泥口就是历史的印证。

　　唐天祐年间（904~907年），胡逗洲终于登陆了，与其西北方的如皋陆地连接，洲北的古横江逐渐淤塞、封闭。这是自扶海洲和扬泰大陆连接以后，南通成陆史中的第二次沙洲大连陆。

　　在胡逗洲与大陆有天然屏障的六百年里，各种地方语言在岛上长期相互融合，形成了一种独特的方言，学术上称之为"方言岛"。有人认为古代胡逗洲的地理位置，就是现代说南通话人群的范围。独特的地理条件，加上别有一番风韵的语言方式，使得南通话千百年以来仍保留着传自胡逗洲的古意古音。

狼山之顶的大圣殿

僧伽东来：大圣菩萨借狼山

狼山之巅，广教寺内，有一座大圣殿。殿堂内供奉着一尊大圣国师王菩萨，身披龙袍，头戴毗卢冠，法相庄严。民间习惯称之为大圣菩萨，又被称为"唯一穿龙袍的菩萨"。

大圣菩萨并不是虚有的神明，在历史上确有其人。僧伽（627~710年），唐代高僧，又称泗州大圣、泗洲文佛，被狼山广教寺奉为开山祖师。

宋《高僧传》记载："释僧伽者，葱岭北何国人也，自言俗姓何氏。"这个"何国""何氏"，也有人认为是虚指。僧伽于唐高宗显庆二年（657年）沿丝路东来，于龙朔元年（661年）到长安。僧伽后又来到江淮一带弘扬佛法，普济众生，在泗州建立普照王寺，使之成为唐代四大佛教圣地之一。唐中宗景龙二年（708年），朝廷派专使恭迎僧伽赴京，中宗尊为国师。广教寺内大圣菩萨的龙袍加身，其来历应该是出自中宗御赐。

自唐宋以来，僧伽不但被历代帝王所尊崇，文人学士颂扬僧伽的文字更是不计其数。李白就写下了著名的《僧伽歌》："真僧法号号僧伽，有明与我论三车。……戒得长天秋月明，心如世上青莲色。"

韩愈一生斥佛，却为僧伽点赞："僧伽晚出泗淮上，势到众佛尤魁奇。"苏轼亲撰《僧伽赞》以颂扬其神力："传承世间千万亿，皆是大士法身出。麻田供养东坡赞，见者无数患成佛。"当淮南一带发生旱灾时，苏轼甚至亲赴泗州僧伽塔下祈雨，以求灵验。

僧伽生前就深受世人信仰。去世以后，他的事迹不断得到神化，使人们更为崇拜，供奉僧伽的寺院遍及全国，并通过海上丝路东传至韩国、日本。在佛教典籍中，僧伽被视为观音菩萨的化身。唐朝时的观音像即以僧伽容貌为模本，所以多为男相，以后才演变为女相。

唐初，南通还是长江口的沙洲，狼山也是水中孤岛。相传在江淮之间弘法的僧伽，曾来到南通沿海一带，为民救苦救难。据通州刘桥大圣寺碑文记载，唐总章二年（669年）僧伽从如皋到狼山建寺，曾在刘桥农家茅屋借宿，此后人们就在此地建起了大圣寺。对照地方史籍，狼山广教寺始建于唐总章二年，初名慈航院。而传说狼山的开山祖师就是僧伽，是他建立慈航院，开始奉祭大势至菩萨。

宋初太平兴国年间（976~984年），智幻法师住持广教寺，主持建造了大圣殿、支云塔，并塑僧伽像供奉。从此，狼山成为大势至菩萨和大圣菩萨的道场。

智幻法师圆寂时留下一偈："当初不肯住长安，现像西归泗水间。今日又还思展化，东来海上镇狼山。"后人称智幻法师为僧伽化身，并于明代嘉靖年间修建了一座幻公塔。

在南通民间，"大圣菩萨借狼山"的传说可谓家喻户晓：狼山原为白狼精占据，大圣菩萨化身僧人到此，向白狼借一袈裟之地安身，白狼应允。但见僧人将一袭袈裟抛至空中，飘到山顶，刹那间遮遍全山。白狼被感化，让出此山。大圣菩萨在山上建寺，但山名仍称狼山。

由此，南通民间留下一句歇后语"大圣菩萨借狼山——有借无还"。

狼山南门僧伽《江淮弘法图》和《由凡入圣图》浮雕

狼山作为佛教八小名山之首,历来香火鼎盛。这对应了流传于南通的另一句谚语"大圣菩萨照远不照近",意思是大圣菩萨对于远道而来的朝圣者特别关照,有求必应。

清康熙十九年(1680年),由于泗州一带连降暴雨,黄淮并涨,州城遂被淹没,普照王寺也沉入洪泽湖底。狼山广教寺从此成了国内供奉僧伽的唯一道场。

《僧伽和尚欲入涅槃说六度经》,近代被发现于敦煌藏经洞,流落至异国他乡。1935年,学人叶公超在英国的博物馆将该经书拍摄下来,南通籍范成法师获得影印件。弘一法师十分重视,为狼山僧伽大师道场刻石亲自书写了《僧伽和尚欲入涅槃说六度经》。

张謇先生曾为狼山大山门撰写过楹联,恭敬之心溢于笔端:"泗州表圣,虞山并尊。"

2021年11月,新落成的狼山南门僧伽浮雕正式揭幕。这一汉白玉立体浮雕作品长7米多、高5.9米,是根据南通籍国画家范扬先生所绘的僧伽《江淮弘法图》和《由凡入圣图》,由上海雕刻家夏水涛进行再创作的。浮雕作品带有唐风的高古人物造型,极具艺术感染力,为狼山景区再添一道人文风景线。

鉴真东渡圆仁西游，都途经狼山

　　回望唐代，当狼山还是江中岛屿时，就曾见证过中日文化交流史的两次大航海历程。

　　鉴真东渡的故事大家一定不陌生。鉴真（688~763 年），是我国唐代著名僧人，俗姓淳于，广陵江阳（今江苏扬州）人。律宗南山宗传人，也是日本佛教南山律宗的开山祖师。他曾担任扬州大明寺住持，被称为"江淮化主"。

　　鉴真大师 55 岁时应日本留学僧请求，开启了十二年六次东渡的艰难航程。前五次航海均受挫败，但他矢志不渝，终于在第六次启程后东渡成功，在日本弘传佛法，促进了中日文化的传播与交流。

　　狼五山自古就有出海入江"第一山"的美称。这一带江面宽阔，是当年从长江

狼山法乳堂十八高僧像中的鉴真（范曾 绘）

位于黄泥山东麓的鉴真东渡遇险纪念塔

出海的必经之地。

鉴真东渡，有两次与狼山有关联。天宝三年（744年）一月，他第二次东渡，在做了周密筹备后，率领100余人再次出发。结果尚未出海，便在长江口的狼山附近遭遇风浪，船只沉没。

天宝七年（748年），鉴真第五次东渡。船队从扬州出发，刚到狼山附近，又遇狂风巨浪不得不躲避风浪。据日本奈良时代的文学家真人元开于769年所著《唐大和尚东征记》记载："六月二十七日，发自崇福寺，乘舟下至常州界狼山，风高浪急，旋转三山。明日得风，至越州界三塔山。"

日本作家写到的"狼山"，是根据鉴真生前所述的真实记录。彼时，狼山为长江岛屿，属江南的常州所辖。而这里说的"三山"，一般认为是五山中的狼山、军山、剑山三座较高的山峰，也有学者认为是五山在江中呈现出三组山峦的形态。

为了纪念鉴真第二次和第五次东渡在狼山附近江面遇险这段历

史，1995年，南通市在长江边兴建了鉴真东渡遇险纪念塔。

鉴真东渡日本后近百年，日本高僧圆仁于838年渡海入唐求法，返日后著有《入唐求法巡礼行记》，为中

朝日新闻报道遣唐使及圆仁从南通登陆的考古证明

日两国文化交流续写下了不朽篇章。

《入唐求法巡礼行记》与玄奘的《大唐西域记》、马可·波罗《东方见闻录》（《马可·波罗行记》）一起，被并称为"世界三大游记"，在世界文化史上享有盛誉。《入唐求法巡礼行记》记录了日本第十六次遣唐使船队航行到中国的历程。这次的"平成遣唐使"是日本历次遣唐使团规模与影响最大的一次，也是最后一次遣唐使的到访。过去十五次的遣唐使都由海上入唐，此次遣唐使船队则经长江入海口到达中国内地。

根据圆仁的《行记》记载，他随着遣唐使的船队在掘港登岸后，大使所乘小船于六月二十九日离开第一舶，"子时流着大江口南芦原之边"。七月一日晓，"令人登橹头看山间，南方遥有三山，未识其名，乡里幽远，无人告谈"。

这里的"三山"，与《唐大和尚东征记》所载的鉴真船队所遇的三山，恰可印证。学者判断：大使船所漂流着陆的大江口南芦原之边，在当时的胡逗洲南缘，即今南通崇川区一带，"三山"亦即长江口狼五山给航海者的直观印象。

1995年，日本国学院委派玲木教授与南通博物苑联系，就1200多年前圆仁随"平成遣唐使"抵达南通的情况进行实地考察。2002年7月，

日本导演山崎俊一沿当年"平成遣唐使"和圆仁途经南通的所见所闻拍成风光纪录片，在日本进行广泛宣传。2018 年，掘港国清寺遗址的考古发掘，印证了圆仁《入唐求法巡礼行记》中关于遣唐使船队访华的史实，在日本同样引起了关注。

鉴真东渡，圆仁西游，中日两位高僧，都为了传播真经历经艰险，同在南通长江地段遇险。这在世界文化史上堪为一段佳话，也是南通作为海上丝绸之路重要节点的明证。

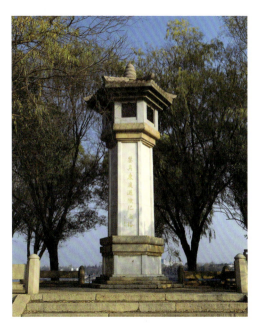

鉴真东渡遇险纪念塔

Tips

鉴真东渡遇险纪念塔

该塔位于黄泥山西麓、紧邻江畔龙爪岩，为仿唐经幢式建筑，汉白玉花岗岩砌成。塔身高 7.6 米，象征大师 76 年的人生历程，塔基部分刻有反映鉴真生平故事的浮雕。塔身"东渡遇险纪念塔"7 字为中国佛教协会副会长茗山大和尚题，塔座采用莲花叶作装饰。纪念塔北侧，还建有鉴真东渡纪念亭。

濠河，流淌了千年的文化河

"有这么一条河，形如葫芦，宛如珠链，通江达海。它静静地流淌了千年之久，孕育了独特的自然生态，书写了悠久的历史文化，滋养了周边的黎民百姓，见证了城市的沧桑巨变。它，就是濠河。"这是中国首部护城河志《濠河志》一书中的开篇。

这段开场白，勾勒出濠河之于南通人的独特意义和重要价值。濠河是一条与长江相通的生态河，更是凝聚着江风海韵的文化河。她是南通城的母亲河。

如今，说起濠河的历史，是从958年算起。那一年，是五代十国时期的后周显德五年，南通城正式建立。作为护城河的濠河，与这座城市同时形成，至今已历千余年，目前是国内现存最为完整的古护城河之一。实际上，濠河"半是天然、半是人工"，筑城时利用了天然的

濠河古韵

水泊和沼泽，而这些水面早就已经形成，是在长江与大海共同作用下，胡逗洲发育时留下的遗泓。

地方史志记载，显德五年（958年），静海制置巡检副使王德麟征发民夫，兴筑土城，立四门，城方圆六里七十步。次年，改为砖城。当时，新兴的通州城里，军民"筑壤而高土，凿地而深池。"城外挖沟串联，城内裁弯取直，濠河就此形成。

濠河全长10公里，水面面积1040亩，最宽处215米，水波浩渺，极似湖泊；最窄处却仅有10米，又似丝带彩练。

"望之汪洋，足称巨观"，即使到了近代，濠河水面大小还与老城内的陆地不相上下。地方文史专家穆煊说："一个位于'江淮之委海之端'的偏僻小城，有必要和可能挖这么宽的护城河吗？我以为是以天然水泊为基础而加工的。"

不管怎么说，濠河宽阔的水面环绕周匝，让南通成为具有"水包城，城包水"独特景观的城市，也是一座充满灵气的水韵之城。这个绝妙

的城建大手笔，来自在一千多年前南通先民的策划和设计，至今仍应
该为他们的超前之举点赞。

　　明万历二十六年（1598 年），通州老城的南面增筑了新城，次年完
工。新城亦四面环水，原来的城南濠河变成为新老两城之间的内河。
于是，濠河由"口"字形变为"日"字形。

　　自宋代以来，以州城的濠河为中心，河道向东、北、南三个方向
延伸，形成与周边水道相通的水系。濠河南边有狼山港河，西南有姚
港河、任港河通往长江；西有盐仓河，经盐仓坝折向西北，与从如皋
方向流入的运盐河接通；从东南方出口，经五福寺（文峰塔院）南折
向东北，与金沙河道相接；从东北方出口，由郭里头向北，经秦灶北流，

濠河环绕南通老城区

与石港河接通。

　　千百年来，濠河担负着对城市的防卫责任和地面集水、外排，以及城市近郊农田的灌溉功能，还担负着城乡各镇集之间物资运输的水上通道等重任。宽阔的水面，清澈的水流，鸥飞鱼跃，环濠河而生的绿地自然天成，一个个风格别具的园林美景，恰好让城市戴上了一条"翡翠项链"。随着时光的流逝，濠河上的风帆舟楫淡出了水面，这里已经成了人们流连忘返的宜居之地。

　　濠河之美，令南通无数的文人墨客吟咏赞叹。濠河东南端幽美宁静，文峰塔巍然耸立，清代诗人保大章静夜赏月后，写下《夜泊文峰塔寺前作》："三元桥畔是知津，小住渔床作比邻。塔影倒悬明月里，

濠河夜景

扁舟一页一诗人。"西南濠河的河面也相当开阔，水中有沙洲，建有魁星楼，清代李琪在《崇川竹枝词》中描写这一带的景色："水心楼阁水连天，一带垂杨欲化烟。最是夕阳人问渡，临溪争唤卖花船。"

近代时光，张謇来了。他将社会改良的阵地放在了濠河沿岸，让这里成为他强国梦想的承载地。当时的东南濠河一带，还是半城半村的"城乡接合部"。早在1902年，张謇在荒废的千佛寺旧址上办起了通州师范学校，这是中国第一所独立设置的师范学校。1905年，张謇又在濠河南岸创办了中国最早的公共博物馆——南通博物苑。他还先后在城南建起了两座在当时堪称一流的体育场。张謇将南门外的南濠河改造成文化教育区，以一己之力改变了南通由来已久的"讨饭子南门"那种荒凉、落后的面貌。1915年，濠南别业建成，张謇从此定居于此，直到生命的终点。

从1917年起，张謇先后在西南濠河上开辟了五座公园，供市民游览休闲，是中国最早的大众公园之一。1919年，他在城南创建了中国第一座现代戏剧学校——伶工学社。同年，又在城西南建成更俗剧场，以戏剧教育和传播来启迪民众。沿濠河设立的有斐馆、南通俱乐部等，也为"近代第一城"增色不少。

"水碧新桥底，山青故郭前。贩佣沾泽气，鱼鸟傍人烟。带酒晨归担，鸣榔夜听船。一亭风月贵，终古不论钱。"这是张謇先生所写的《南濠》一诗，岁月何其静好，而在这背后，开路者付出的是怎样艰辛！在《南通公园记》中，张謇对濠河的热爱跃然纸上："时乎和春霁秋，烟朝月夕，微风动波，映树明瑟，凫鸥翔泳，若在镜中。"

濠河是幸运的。她天然拥有妩媚动人的身姿，也曾有过容颜被毁的过往。如今，南通人对这条城市母亲河倍加呵护。这些年，在濠河风景名胜区的建设中，南通人以这条千年古护城河为依托，严格保护历史遗存的寺街、西南营和濠南历史文化街区，最大限度地保留着张謇时代遗留下的大量近代园林建筑，"中国近代第一城"的光彩正在濠河之滨重新焕发。

通扬运河穿越唐闸

两条运河，织出江海大地的经纬

　　千百年来，被称为运盐河与串场河的两条古运河，静静地流淌在江海大地。它们后来演变成通扬运河与通吕运河，这两条贯穿南北、横跨东西的水路大动脉对于南通而言，就像中国版图上的京广线和陇海线。它们的存在，为过去的岁月书写了无上荣光，为南通的未来留下了美好梦想。

　　古代南通各个地区在聚沙成岛、并岛成洲、连洲成陆的过程中，生成了广阔的滩涂，繁茂的草荡，这为开发草煎食盐提供了得天独厚的条件。早在西汉初年，如今南通的西北部，濒临南黄海，盐业生产已相当普遍。《嘉靖维扬志》记载："吴王刘濞开凿茱萸沟，自广陵茱萸湾（今扬州湾头）至海陵（今如皋汤家湾），此运盐河之始。"时在

24

公元前 179~前 154 年，这正是中国历史上著名的"文景之治"时期。

在工商业尚不发达的农业社会，盐业收入是历朝统治者最重要的财税来源之一。作为后来"七国之乱"的带头大哥，刘濞深知，要扩张割据势力，并进而图谋帝位，增强封国的经济实力是必须的，而大力发展盐业显然是一条捷径。位于今天南通境内的如皋蟠溪地区正是当时重要的海盐产地，所产海盐属"淮盐"，有"淮盐千年甲天下"之说。自唐朝开始，这里的盐又被叫作"吴盐"，李白曾以"吴盐如花皎白雪"的诗句来盛赞其品质之优。

正是为了攫取盐税这一重大财源，当年的刘濞才在他的王城广陵（即今天的扬州）与南通之间开凿了这条中国最早的运盐河。

在刘濞身后，随着南通盐场的不断东移，这条运盐河又向东南方向持续开凿。北宋年间，这条运河延伸到了通州城。此时的运盐河已能直达通州城的濠河，全长 400 余里。到明万历年间修建文峰塔时，其地就在城东古运盐河北岸。

至 1909 年，随着盐业的衰败，"运盐河"已名不副实，遂以该河起迄地点为名，改称"通扬运河"——至此，作为淮盐输出的总动脉，这条运河已经存在了两千多年。

通吕运河，也是与海盐运输息息相关的一条运河。它原本是连接江海各盐场之间的水上通道，史称"串场河"，自五代至明朝中后期逐步完善，并最终实现与江海的连通。

我们今天能够从史籍中找到的关于通吕运河的最早记载，发生在南宋咸淳五年（1269 年），驻守扬州的两淮制置使李庭芝组织民力开凿了由通州城入金沙场、余庆场的运河，河工总长 40 里，其目的就是为了"以省车运"，即节省这两个盐场从陆路运输食盐的力资。

此后，经过多年的开凿，至明代中叶，南通境内南部各盐场均有水道接入通州的城河（今濠河）。各地的食盐汇集此地后，经由运盐河（今通扬运河）北上西进到扬州，再由真州（今仪征）出江，然后销往长江中下游各省的府、州、县。

明隆庆二年（1568 年），一场飓风和海啸使南通通往余西、余中两

通吕运河畔的灯塔，成为都市里的新打卡点

场的河道坍入江中。于是，盐商们以旧运盐河迂回绕远为由，建议开凿石港至丁堰的新河。经巡盐御史批准，动用上万两白银，令各盐场开凿新河。因为这条河串连起了通属各盐场，故取名"串场河"。串场河的开凿，避免了原先绕道通州城的远程运输，缩短了至扬州的运盐路途。

1958 年，在大规模兴修水利过程中，政府新开辟了从金沙通向节制闸的河段。自此，古老的串场河被裁弯取直，西由节制闸出江，东由吕四港入海，取首尾两地名称，叫作"通吕运河"。与此同时，自丁堰向东至掘港经兵房入海的运河，也不再称作串场河，而改名为"如泰运河"。

在很长一段时间里，通扬运河与通吕运河这两条水路大动脉串联起了南通境内大大小小的河流，形成如同人体经络的密集河网，从而使"通州"之名实至名归。南通虽不是京杭大运河沿线城市，却因为通扬、通吕两条运河而纳入了大运河体系，成为大运河文化的组成部分。

随着海岸线的东移，昔日的胡逗洲及周边岛屿逐渐幻化成沃畴千里的江海平原，盐业生产从这一地区逐渐淡出。于是，"两河流域"的老百姓又以敢为人先的精神率先实现了向棉粮生产的转型。在此过程中，通扬运河与通吕运河除了保留下原有的水运功能，更是承担起了灌溉的重任，它们以宽广的胸怀孕育了两岸的土地、哺育了两岸的儿女，使"天下盐仓"成为"天下粮仓""天下棉仓"。

1895 年，张謇先生在唐闸创办大生纱厂。他选址于此，有一个原因就是因为这里有通扬运河，可以让企业的生产设备、原料和产品通畅地进出。后来，张謇又在通扬运河两岸办起了一系列企业，并由此向南通其他地区延伸，而通吕运河又恰恰为他向东部的拓展提供了运输的支撑。张謇将南通建成了一个"乌托邦"式模范城市的梦想，正是从运河边起步的。

溯源通扬运河与通吕运河的历史，虽然在各个时代它们所展现的

通吕运河绿廊

27

风貌和承担的任务不尽相同，但是，它们的精神却是一以贯之的，那就是生生不息、奋斗不止的进取精神，与时俱进、敢为人先的创新精神。今天，这种精神已经融入了南通人的血脉，成为这座城市现代化进程中不竭的动力。

徜徉在运河边，流淌千百年的河水依然不舍昼夜，那般从容，那般舒缓，它用柔美的清波无声地诠释着运河文化的深深内涵。

Tips

通吕运河上的"数字化"桥名

通吕运河拥有约 30 座桥梁，是江海平原上桥梁最多的河流之一。目前，通吕运河上的大型城市桥梁共有 10 座，它们都有正式名称，但南通百姓更习惯用数字来作为其俗称。从西侧的 1 号桥开始，自西往东，有 2 号桥、3 号桥等。在 1 号桥与 2 号桥之间新建的北城大桥，被南通人称为"1.5 号桥"。其后，在"1.5 号桥"与 2 号桥之间又出现了一座静海大桥，南通人执着于对新桥梁的"数字化"叫法，它就成了 1.75 号桥。

通吕运河桥示意图

寺街街区一角

回望寺街西南营：半城风华半城梦

时光如果可以倒流，梦回唐朝，今天南通城脚下的这片土地，又是怎样的一番景象？其时，通州古城尚未出现，这里还是一片被叫做胡逗洲的沙洲。由于朝廷设盐亭场，运盐河畔檣橹林立，此地渐渐有了兴旺的气息。

唐懿宗咸通四年（863 年），胡逗洲上建起了一座光孝寺，它也就是今天的天宁寺。南通城建成，则是五代十国时期的后周显德五年（958 年）初。因此，南通民间有"先有天宁寺，后有通州城"的说法。

正是因为有了天宁寺这一古刹的存在，它的周边形成了市集，南来北往的朝圣者走出了一条通衢之道，被称为寺街。由寺街辐射开去的各条街巷，形成南通城最早的街区。

　　今天我们说起寺街时，所指的已不仅仅是那条石板街，而是以寺街为主线的、由多条小街小巷组成的面积约14公顷的古街区。

　　南通城历代以寺街东南侧的州治为中心，以南大街和东、西大街把城内分成东北、西北、东南、西南四个片区。寺街街区位于西北片，西南营街区位于西南片。

　　翻开通州古城地图，一条古老的护城河——濠河将其城市环抱中间。六桥之内的核心区域，面积仅1.1平方公里。当时的通州城四面均建有城墙，直到辛亥革命之后，才将城墙拆除，修造了环城的四条马路。

　　以南大街为中轴线，以东是东半城，以西是西半城。如今，东半城——也就是古城的东北、西北片区在历史嬗变和旧城改造中消失了，只留下了东南营、习家井、摇鼓井、丁古角、东北水关这些地名。而南通古城的西半城——寺街和西南营，却较为完整地保存下来。

　　寺街，见证了南通城千百年的岁月变迁，连接着一代代南通人的时光记忆。走在寺街上，俯拾皆是历史过客、文人雅士的故居，盘桓即得历史文化的遗存和脍炙人口的掌故与传说。

　　翻开方志，人们可以知道，清乾隆状元、礼部尚书胡长龄以诗文

寺街与西南营隔路相望

显著在名臣中占有一席之地，却不知深藏寺街宅第之间的绿荫园、特殊结构的状元府，以及他与和珅巧妙周旋的民间传说。

打开史册，明末东林党人喋血无锡，震惊朝野，却不知当年身为户部主事的范凤翼，因"推举建言诸臣顾宪成、高攀龙"这两位东林党领袖，而名列"东林党人榜"，被"削籍为民""追夺诰命"。

盘点典籍，都知道说书界始祖柳敬亭名满天下，却不知出自余西曹氏的他，曾在柳家巷的城隍庙前摆下书场，台上谈古论今激情飞扬，台下却望着柳家巷口的夕阳暗自掩泪。

还有，那一纸房契，见证了深藏于寺街的保天官明代老宅；那一部家谱，褒扬了兴建学堂、缮修育婴堂的进士孙宝书；那一尊神轴，讴歌了明代兵部尚书、蓟辽总督顾养谦"金戈铁马戍边关"的儒将壮举；那一幅珍迹，展示了"扬州八怪"之一的李方膺"梅斗狂风、竹傲霜雪"的文人情怀。

寺街存续着历史风貌。这里有着唐代遗迹天宁寺、关帝庙，有宋代的古郡庙、北上真殿、地藏殿，元代的华王庙、谯楼，明代的古郡王庙、火星殿，清代的青莲庵、胡家庵，民国的十字街钟楼，以及纵横交错的古街巷、连绵成片的明清民居——南通千年历史的城市足迹在这里清晰可辨。

寺街延伸着文化根脉。这里有建于宋代的紫薇书院、清代办学时间最长的紫琅书院；有一位状元、一位榜眼、十八位进士的故居；有范氏诗文传世十三代的文化世家；有张謇和他的同道们创办的全国第一所设本科的女子师范学校，又有南通第一所高等小学和唯一的省立小学；有南通第一所中学——南通中学。百年名校南通中学由张謇先生会同乡绅于1909年创办，是南通第一所推行新式教学的中学堂，从这里走出过26位院士，25位文艺名人、世界冠军，"中国近代第一城"的文化教育之花在这里盛开不败。

寺街连接着红色记忆。这里有土地革命时期南通县委秘密联络处，有红十四军通海如泰特委秘密机关，有1946年"三·一八"斗争中南通青年"反独裁、反内战"游行集会处，有中共南通中心县委召开会议、刻印传单处，还有14位革命烈士的故居，一部爱国主义教育的史册缓缓地在这里打开。

从寺街所在的古通州城西北片区往南，穿过现在的人民路，便到了西南片区的西南营。

"西南营"这个名称，起源于明朝初期这里驻扎的兵营。据州志记载，明太祖洪武年间（1368～1398年），在州治西南的兵营（即西南营）附设军器局。西南营作为军旅的痕迹如今已经荡然无存，成了一条留住历史记忆的巷名。

西南营片区有文字记载的最早根脉，当属惠民坊和南关帝庙。南关帝庙原为天王庙，始建于北宋太平兴国五年（980年），明朝改建为关帝庙。"惠民坊"这个名字，最迟应出现在宋天圣三年（1025年）。1976年发现的一份地券上，记载着"淮南道崇川城内厢惠民坊"的确切地名。

西南营是古代居民社区的活化石。坊者，街市里坊之谓。惠民坊有坊门，曾保留到20世纪50年代。从西南营片区，可以看到古代通州城里"里市坊"的缩影。据载，明朝万历年间（1573～1620年），南通州城里外有19个坊，一直到清光绪《通州志》都保持此数。古代

西南营夜景

的街坊,是城市百姓聚居区划的称谓,似于现时的居民社区。也就是说,明清时代的南通古城一直保持着 19 个居民社区。光绪方志上标明"州里西南"曾有惠民坊、依莲坊、武定坊。随着时间的推移,古街坊渐渐在人们生活中淡出,只剩下惠民坊一座,成为研究南通街坊史唯一存在的实体。

西南营是南通特色民居的集中地。濠河自西南营西侧的城西南水关流入城内,即为市河。明万历年间的通州人、进士陈大科为之记:"市河者,通州城中河也。自周显德间城成即有河。"市河从纵横两个方向穿过西南营片区,有曲水一,池二,桥六,岸边自是一番小桥流水的景象,一幅通州版的清明上河图徐徐展开。枕河而居的人们,在西南营一带留下不少别具江海文化风情的住宅。如今,南关帝庙巷的明清住宅被列入省级文物保护单位;冯旗杆巷明代住宅、掌印巷清代住宅等,也成为市级文物保护单位。其他优秀历史建筑也为数不少。

西南营是历代名人雅士的集聚区。这里留下了相当多的深院故宅。清光绪《通州志》中记载的就有元招讨使张宏纲宅、明尚书李敬宅等

南关帝庙明清住宅

八座宅第。光绪元年（1875年）以后，又有众多名人宅第出现在这个街区，清台湾知府周懋琦、海门厅同知王宾、朝鲜流亡诗人金沧江、近代名医喜仰之、国医大师朱良春、建筑专家孙支厦和电影表演艺术家赵丹等，这些名人俊彦留下的传奇故事，至今仍在街巷之中流传。

寺街、西南营不仅是南通人心目中的风水宝地，它也牵动了众多专家学者、有识之士的关注目光。作家、全国民间文艺家协会主席冯骥才游历南通，下车伊始，就迫不及待地参观寺街和西南营。他感慨地说，明清民居这么集中、保存得这么完整，这在全国都少见，要好好加以保护。上海同济大学教授、国家历史文化名城研究中心主任阮仪三呼吁，南通要以"城市更新"来代替"旧城改造"，以保护文化遗产的情怀，保护好寺街、西南营文化街区。

这座城市的人们，一直在为默默守护着他们的精神家园。从20世纪80年代开始，南通对濠南、寺街和西南营等历史文化区进行保护性规划，对市区各级历史文化保护建筑进行了修复和加固。

2021 年 5 月，《南通寺街、西南营历史文化街区保护整治修建性详细规划》发布，规划范围总面积约 27.4 公顷，其中寺街面积约 190000 平方米，西南营面积约 8.4 公顷。按照这一规划展开的一系列保护举措，既注重保留历史街区的街巷肌理和重点文物的原真性与原貌性，又注意突出历史街区的活化与活力，使之有烟火气、有生命力，将历史价值与当代价值有机融合。

　　当走进寺街、走进西南营时，人们也就走进了一段持续千年的历史。如今，一系列规划和保护举措的实施，将给这两个古老的历史街区注入了崭新的生命力，也必将推动南通这座历史文化名城实现新时代的沧桑巨变。

狼山之巅的支云塔

南通三塔：见证城市的成长史

南通有一首民谣，可谓家喻户晓："南通有三塔，角分四六八。两塔平地起，一塔云中插"，讲的是通城的三座古塔。

"平地起"的两座，分别是隐逸于寺街街区天宁寺内的八角宝塔光孝塔、屹立于古运盐河畔的六角宝塔文峰塔；"云中插"的那一座，就是矗立于狼山之巅的四角宝塔支云塔。

南通三塔，形态各异，共同特点是"个子高、寿命长"。它们的"身高"都超过30米，最年轻的文峰塔也已经有400年以上的历史，光孝塔和支云塔更是有千年的履历。三塔均是以木结构为主，因此，南通市也是江苏省现存古代木塔最多的城市。三座塔都是有故事的古建筑，我们来看看它们的前世今生。

先来打量位于城中天宁寺内的光孝塔。该塔五层八角，是南通市区三座古塔中翘角最多的宝塔，也是最资深的一座。有碑称光孝塔是"咸通四年（863年）先城而建"，至今已有1100多年历史，比通州筑城还早，故南通民间有"先有塔，后有城，依塔建城"之说。

　　虽说光孝塔身高仅30米，为三塔中最矮，但其所处地势高，据民间的说法，光孝塔尖与狼山顶上的支云塔尖持平。清乾隆年间，老家就在寺街的状元胡长龄在所撰碑文中称它为支提塔。

　　历经千年风雨的光孝塔依旧保持着其古典之美。此塔为砖木混合结构，塔身建于须弥座上。五层飞檐八翘角，每层各有四门，游人可登临远眺。古老街区，尽收眼底。

　　光孝塔经历过多次的修复。相传清末一次大修，从光孝塔顶的鎏金葫芦里取出一只镇塔宝杯，号"披霞杯"。将杯置入水缸中，缸水急变，灿若霞光，堪称稀世之宝。张謇先生在世时，唯恐此宝遭不法者觊觎，藏之于南通博物苑。抗日战争中转藏苏沪，后下落不明。20世纪50年代，南通籍建筑师孙支厦主持过修塔。1997年的一次全面的修缮，则在恢复宋塔原貌上下了功夫。

光孝塔

37

文峰塔

　　因为明代曾有过大修，很长一段时间，人们认为光孝塔现存的塔身是明代风格。1997年大修中的发现，彻底改变了人们对它的认识。经省文物古建专家考证，光孝塔的真身为典型的宋代形制。大修中，在塔的基座清理出16块宋代麒麟浮雕，有力证明了光孝塔现存塔身是宋代建筑。光孝塔下的这批石刻麒麟神态各异，形象生动，工艺精湛，是不可多得的艺术珍品。

　　让我们的目光转向狼山，眺望山顶的支云塔。广教寺始建于唐代，但支云塔普遍认为建于宋太平兴国年间（976~984年），也就是智幻和尚开始供奉泗州大圣之时。一千多年来，人们远眺狼山，都会看到支

云塔雄踞山巅的样子，塔与山，仿佛已融为一体。

关于支云塔，有不少神奇的传说，陆游的《老学庵笔记》就讲述了这样的故事：宣和末年，有巨商曾施三万缗（千文为缗），将古泗州城普照塔修整一新。数年后经商而归，舟行江中，忽见上游水面有塔向东飘浮而来，及至眼前，乃泗洲普照塔也。塔中走出一个和尚，合掌向商人道，修塔施主，淮南大水，大师命我将此塔送往东海神山。说罢江面狂风大作，宝塔如飞东去，飞至狼山落定，狼山自此有塔。这个当然是陆放翁听来的神话了。

支云塔高35米，五级四面，呈正方形。狼山尽管只有百多米的海拔，但在一马平川的江海大地已经是"俯瞰众生"的存在。再有支云塔的加持，妥妥的南通制高点。

据说，支云塔位于南通城的中轴线南端，宝塔的塔尖、南城门江山门（原址在今长桥）和城中心的谯楼三点成线，形成南通的风水门户，谓之"山海拥金莲，乾坤落天柱"。天气晴好时，站在谯楼上可见在阳光下灿烂光辉的支云塔，成为通州的一大景观。诗人墨客们偏爱支云塔，留下了不少脍炙人口的诗篇。流传最广的是明代殷学思的《支云塔》诗："宝塔支青云，去天才尺五。天上星与辰，历历皆可数。"

新中国成立后修葺支云塔时，在塔端100多千克重的铜葫芦中，发现有历代僧人置放的金玉饰器、银箔珠宝与佛像经书等几十件镇塔之宝。宝塔有宝，果然名副其实。前人曾将狼五山比喻为"五山如一掌"，则狼山之巅的支云塔堪称是"掌上明珠"。

2016年初，南通诞生首支职业足球俱乐部，成立时就命名为"南通支云"。既是南通历史文化地标，又有冲击足坛高峰之志向。2022年10月，当年从中乙起步的支云队已经一飞冲天，成功晋级中超。2023年11月，南通支云队首个中超赛季成功保级，引发众多球迷关注。

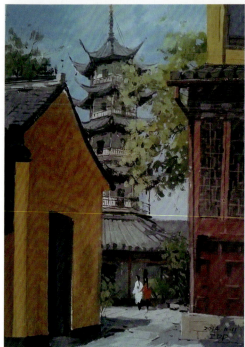

画家笔下的南通三塔

位于南通古城东南的文峰塔，高 39 米，是南通三塔中身材最魁伟、也是最年轻的小弟弟。

文峰塔建于明万历四十年（1618 年）。当时的人们总结历史，发现通州城自建城以来，尚未有人中过状元。明代兴风水之说，言自淮水以南千余里内仅通州有五山，为此地的"官禄宫"。而凿山取石，构筑新城，则是破坏了"官禄宫"，以致通籍举子屡试不中，通籍官员多被贬斥。于是有风水先生提议，城东南地势低洼，润泽文脉，可造文峰塔、三元桥，取"文峰鼎立，三元连中"之寓意，必补山水之形胜，助文风之兴盛。

也许是因缘巧合，或者是南通士子受此鼓舞，文峰塔建成后城内文气沛然。从明后期开始，出现了近百位进士，清代更是出了胡长龄、张謇两位状元，中间还有榜眼王广荫、探花马宏琦。至近现代，通籍文化名人数不胜数，高考状元层出不穷；还涌现了包括 7 位奥运冠军在内的 21 位世界冠军，这也算是"武状元"吧。

如今，文峰塔下已经成为南通文化事业的聚集地，文联、书画院、个簃艺术馆、江海研究会等文化单位咸集于此，濠河之滨的文艺范儿也更加凸显。

陈桥五代石碑，揭开南通建城前千古之谜

　　1971年秋冬之交，南通县陈桥公社第九大队第九生产队（今崇川区陈桥街道河口村）开挖大寨河时，出土了一合墓志。该墓志铭碑由上盖下底两块石碑合并而成，个体呈正方形，碑志系青石雕刻，雕饰朴拙华美。当时向上报告，南京博物院派人将墓碑拉走。待南通文博

东海徐夫人墓志拓片

十八里河口历史遗迹示意图

专家看到此墓志拓片时，方知这是一部刻在青石上的"史书"！

　　该墓志志盖盝顶题"唐东海徐夫人墓志铭"九字，墓志为阴文楷书，全文约1100字，撰书人署"义丰屯田都院判官朱延著"。其四周纹饰为八卦图案、十二肖属动物图像、日月星辰方位图案及江海浪纹，四侧雕绘青龙、白虎、朱雀、玄武形象。该墓志被南博列为五代碑刻之遗珠瑰宝，鉴定为国家一级文物。墓志铭所冠"唐"字，当属"南唐"无疑。

　　五代是处于唐、宋两个统一王朝之间的一个短暂分裂时期，自907年唐朝灭亡起，至960年赵匡胤建立宋朝止。由于存续时间短，加上战乱频仍、经济萧条、地方割据，这一时期留存下来了的人文古迹稀少，碑刻墓志也十分鲜见。因此，这方《唐东海徐夫人墓志铭》的出土愈加珍贵，对于宋代之前无确凿史料可考的南通来说，这一千多字更可谓字字珠玑。

　　现存狼山北麓的摩崖石刻，被公认为南通最早的文字古迹。可惜

43

狼山北麓的题名坡，有反映南通最早建制的五代石刻

这一硕果仅存的五代遗存，原文剥蚀不全，经专家考定补缺也只有区区 26 字，全文为："天祚三年□月十四日东洲静海都镇谒使姚存上西都朝觐迴到此。"

这一年为 937 年，正值五代十国中短命的吴国政权篡位，作为当时统治南通地界的最高长官姚存（研究者又称其姚存制，"制"字为避讳略去），是赶去西都（南京）朝觐新主子的返途中登山留此石刻的。当时姚存系舟登山的狼山，山脚还是一片长江水域。故此，清代康熙《通州志·古迹》称"天祚岩，五代时姚存舣舟处"。至于姚氏其人其事，历代史籍与地方史志略有零星记录，但着墨极简，语焉不详。

河口出土的"徐夫人墓志铭"，对应的正是这一段历史。徐夫人是姚氏家族重要成员，其墓志将姚门在江海大地的具体轨迹做出披露。墓志叙述了自"先始祖于姑苏"的姚氏家族统治江海岛屿的历史，其时间起讫涵盖了南通建城前半个多世纪的五代时期。

勒石狼山的姚存就是统治东洲（今海门）、静海（胡逗洲，今崇川）达半个世纪之久的姚氏家族首任地方最高行政长官。其子姚庭珪，唐末诗人杜荀鹤曾为之作《送姚庭珪》诗，在与吴越国的海战中被俘。河口墓主徐夫人为南唐静海指挥使兼都镇遏使姚公之妻，专家论证，她的丈夫就是姚氏世袭政权的第三代掌门人姚彦洪。姚彦洪是姚庭珪的侄子，也即姚存的孙辈。这位徐夫人出生于淮北东海郡（今连云港市海州）的豪门望族，协助姚公管理 300 多人的大家族，38 岁芳华之龄去世。此时，北方强大的后周政权已大兵压境，姚氏军事集团处于垮台前夜。

对于徐夫人逝世后静海姚门的终局，《资治通鉴》说，后周显德三年（956 年），周世宗柴荣率大军攻打南唐的江淮十四州，"唐静海军制置使姚彦洪率兵民万人奔吴越"。《通州志》则说，"其后彦洪益受困，聚族自焚"。不管是哪一种情况，都导致了这样的结局：后周显德五年（958 年）正月，后周军队攻占静海，三月攻破东洲。至此，南通这块土地从南唐划归后周版图，并新设通州于静海，东洲改称海门。这一年，就是史载南通正式建城的年份。

徐夫人墓志的发掘出土，为我们描绘出十世纪上半叶南通这块土地上的经济社会发展状况，揭开了城市肇始的千古谜题，成为记录南通江海地域文化的首部珍贵历史文献和实物遗存。

徐夫人墓志铭记载了南通地区确凿可考的最早盐场，属唐末、五代位于静海镇的永兴场。志文中说，徐氏"葬于静海都镇管下永兴场王铎铺界新河北、永兴场运盐河东二百步"。令人惊奇的是，此墓志出土方位往西二百步，果然有一条千年未变的古河。徐夫人华年逝去，就归葬于当时地方经济命脉的盐场之侧。

墓志序文中特别描述了永兴盐场煎盐和漕运的场景："司煮海积盐，盐崎山岳"。遥想当年，永兴场运盐河畔盐包堆积如山，足以证明唐末、五代时期南通盐业生产规模之大。

志文还记载姚氏政权上佐国家，负有"专漕运，副上贡"的职责。此寥寥六字足以勘正六百年来《通州志》对地方盐运史的语焉不详，有力证实了通州至扬州府之间的古运盐河及其漕运历史，早于北宋嘉祐年间运盐河主航道全线疏浚贯通之前就已实际存在，并肩负南盐北输的重要使命和漕运功能。

值得一提的是，1991 年，在位于南通城东的新桥中学附近，又出土了五代姚锷墓志。这位姚锷，卒于南唐保大三年（公元 945 年），他也是徐夫人同时代姚氏家族的重要成员，其辈分还要小一辈，是姚存的曾孙。

在江苏大运河文化带建设中，并不直接坐落于大运河边的南通也被纳入其中，原因是大运河的一条重要支流运盐河（通扬运河前身）流经南通。唐宋时期，南通已成为全国四大产盐地之一。徐夫人墓志的记载，说明五代时期，南通的海盐就能通过大运河漕运系统，运送到全国各地。运盐河为这座素有"江海门户"之称的城市带来古代的繁荣和近现代的工商文明，为南通成为"近代第一城"提供可能。

为了推进南通运河文化带建设，2018 年 12 月，南通有关单位在南京召开"通扬运河南通段历史文化学术研讨会十八里河口出土《唐东海徐夫人墓志铭》"专题研讨会。围绕这块珍贵墓志，与会专家就如何彰显通扬运河南通段运河文化遗产，提升唐东海徐夫人墓志出土地——十八里河口知名度展开研讨。

往事越千年，独留青石付遗篇。这块深藏功与名的石碑，在地下沉睡了一千年。如今，十八里河口已被公布为南通市首批地下文物埋藏区。位于长泰路以北的徐夫人墓志出土处，当年曾是一片熙来攘往的盐场，现为一片寂静的退耕还林区。这块土地里究竟还深藏着怎样的沧桑往事，目前尚不得而知。

公元 958 年，南通建城之始

1958 年，《南通市报》刊登文章《南通建城一千年》

1958 年 4 月 24 日，《南通市报》发表了一篇《南通建城一千年》的文章，提出"南通城建成于公元 958 年"，引起各方关注。之后，《新华日报》专门发消息称，"《南通市报》发表文章，纪念南通建城一千年"。当时不少南通人也是第一次知道，自己所在的这座城市始建于整整一千年前。

《南通建城一千年》的作者，是当时任报纸副刊组副组长穆烜。穆烜写这篇稿件的初衷，是希望报纸的副刊版能多发一些知识性、文史性的内容。为了保证报纸质量，副刊编辑除了编稿，还要担任主写的工作。穆烜花了大量时间阅读文史书籍，寻找文章素材。当时，他读到《资治通鉴》中有记载，后周显德五年（958 年）"戊戌……屯通州南岸"。此前称本地为"静海",而显德五年三月以后改称"通州"。穆烜认为,这是信史,由此推断,公元958年就是南通城正式建成的年份。

这篇文章是这样表述的,"我们南通这一带,先是属于吴国,后来属于南唐,最后属于后周……公元958年,北方的后周出兵进攻南唐,取得了南唐在长江以北的大片地区。就在这一年,后周统治者在我们这里筑了一座土城(第二年改砌砖城)。到这时候,我们这城市就正式诞生了,而且有了'通州'这个地名。"

"南通城建成于公元958年",这个说法从此得到公认,一直沿用至今,成为南通城市建设的一个原点。

958年,是后周显德五年,也是南唐中兴元年。当时的南通这块滨海之地开始走进大历史的视野中,我们可以穿越千年的时空去看看城市初生的景象。

彼时,"播乱五十秋"的五代十国,已经渐进尾声。距离历代文人所向往的赵宋王朝建立,还差两年。进入五代十国时期,南通地界先后属吴国、南唐、后周等政权。其间,南方的吴越也曾控制过江口一带的沙洲。这一时期,南通一带先后有吴国建静海都镇,南唐设立静海都镇制置院,后周于此地建立静海军,可谓"城头变幻大王旗"。

在五代十国那个超级乱世中,江淮流域成为群雄逐鹿的舞台,南通这样的偏居海角的沙洲也变成了战略要地。当时的南通称静海,由于位于长江江口北侧,地理位置十分重要。静海和其东方的东洲,控制着长江出海口,巨大的水军部队在此驻扎,建有军事要塞。

919年,吴国与吴越国就在"江海第一山"狼山南侧的长江口爆发了一场"狼山江"之战,此役被历史学者称为一场代表当时东亚最高水平的舰队决战。这一战以吴越国获胜而告终,当时吴国的战俘名单中,有东洲静海都镇使姚廷珪。此战引发的蝴蝶效应之一,是吴国政权后来被南唐取代。

在通州建立之前,统治南通这一带的是姚氏家族。从目前已经掌握的史料来看,姚氏家族先后有姚存、姚廷珪、姚裕、姚彦洪等10人在

位于和平桥下的宋代瓮城遗址

静海、东洲一带任职。从吴国到南唐，这支"姚家军"一直世袭掌控着静海与东洲的军政大权，直到北方的中原王朝后周狂飙来袭。

后周显德二年（955 年），后周世宗柴荣平定了西北边境之后，把兵锋转向了盘踞江淮、江南地区的南唐王朝。作为五代十国最杰出的

后周世宗柴荣（剧照）

帝王，三征南唐是他的巅峰之作。雄才大略的柴荣，首要目标是夺取南唐的江淮十四州，同时，他也关注了尚未设州的静海与东洲，因其不但是长江口的战略要地，也是南唐的海盐生产中心。

《资治通鉴》说，显德三年（956年）二月，后周军队占领扬州、泰州，迫使南唐静海制置使姚彦洪率兵民万人弃城逃奔吴越。后周夺得此地以后，把静海都镇制置院改为静海军。

《资治通鉴》记载，显德五年（958年）正月，后周"拔静海军，始通吴越之路"。在这之前，柴荣派遣左谏议大夫尹日就等人出使吴越，跟他们说："卿今去虽泛海，比还，淮南已平，当陆归耳。"不久果真如此。

明末清初的顾祖禹，在其历史地理巨著《读史方舆纪要》中曰："州据江海之会，由此历三吴，动燕齐，亦南北之喉吭矣。周显德五年取其地，始通吴越之路，命名通州。"在他看来，"通州"的得名就来自后周"始通吴越之路"。

958 年，淮南江北海西头，出现一座新建成的城池，始称通州，下辖静海、海门（东洲）两县。南通从过去的军事设置转成了正式的行政建制。

"通州"成为北周这次南征中的重要收获之一。关于其名称的由来，没有更多的史料。可以推断的是，通州城的诞生与一代英主柴荣有必然的关联。当时柴荣一直御驾亲征，多次驻扎邻近南通的泰州，并亲往长江岸边指挥水师，准备渡江攻打南唐、吴越，应该会在新开疆拓土的通州城留下过足迹。

柴荣率领后周大军饮马长江，兵锋直指江南。南唐军队在江淮之战中屡战屡败，包括最精锐的一支部队被后周大将、殿前都虞侯赵匡胤率一支偏师击溃。

至此，南唐统治者李璟被迫削去帝号，降为国主，称臣纳贡，使用后周的纪年。失去江淮十四州之后，南唐的国土挤压在了江南之地，彻底失去逐鹿中原的机会。等到李璟去世，交到千古词帝李煜手中的南唐已经是一个千疮百孔的烂摊子了，这也为南唐亡于宋埋下了伏笔。

"春花秋月何时了，往事知多少"，这是李后主对那个乱世的悲情吟咏。而南通这座城市，就在这样的一个更新迭代之际悄然崛起了。此地建城仅仅两年，柴荣英年早逝，赵匡胤黄袍加身建立宋朝。尽管通州作为后周治下的城市仅有两年时光，但今天的南通则可将自己的建城史定格于北宋之前。

云雾缭绕的狼山

《狼山观海》：王安石的千年一叹

　　狼山，万里长江入海第一山。历代名人贤达在狼山上留下诗作千余首，游记百余篇。王安石的一首气势磅礴的《狼山观海》，在众多关于狼山的诗篇中可称冠冕。

　　这首诗甚至是描绘南通的最佳诗作。在 2017 年 5 月举行的"致我亲爱的家乡——最美江苏诗词大会"上，《狼山观海》一诗在与文天祥的《泛海怀通州》进入了终极比拼中。北宋南宋两大丞相隔空代言南通，最终，《狼山观海》得分稍高，成为最能代表南通的诗词。

王安石像

据考证，北宋至和年间（1054~1055年），刚过而立之年的王安石前往通州下属的海门县，途中登临长江岸边的狼山。北宋初年，五山还在江中，到仁宗朝的明道至庆历年间（1032~1048年），狼山才"登"上了北岸。

王安石站在狼山顶上，被大江东去的壮观景象深深震撼，欣然提笔写下《狼山观海》一诗：

万里昆仑谁凿破，无边波浪拍天来。

晓寒云雾连穷屿，春暖鱼龙化蛰雷。

阆苑仙人何处觅，灵槎使者几时回？

遨游半在江湖里，始觉今朝眼界开。

后世有人曾对此诗是否出自王荆公之手有所置疑窦。因为王安石的《临川集》、李壁的《王荆文公诗笺注》，以及沈钦韩的《王荆文公诗文笺注补注》都没有收录这首诗。较早刊发此诗的，是南通的明代地方志万历《通州志》。

万历《通州志》所载王安石诗题为《白狼观海》。狼山相传有白狼出没，曾被称为"白狼山"。后来北宋州官杨钧以"狼"字不雅，以"琅"易"狼"，又以山石多呈紫色，改称紫琅山。王安石来游时称"白狼"是很自然的，其时狼山刚从江中登陆北岸十多年，眺望山脚下茫无际涯的江面可谓"观海"。到宋代以后，只能是"观江"了。查阅宋史本传所载，王安石当时"擢进士上第，签书淮南判官"，通州属淮南路，正与此相合。

由此可知，《狼山观海》诗中所写，与诗人生活、自然环境都相合。《全宋诗》关于王安石诗部分虽没有收全诗，可是却录有"残句"："阆苑仙人何处觅，灵槎使者几时回？"（第77卷）。学界认为，这首诗是王安石的一首逸诗。也许当时诗作留在了南通，又未能传播，导致没有被录入《临川集》。

其实，更重要的证据在于诗作本身。开篇首联就突兀峥嵘，引人入胜："万里昆仑谁凿破，无边波浪拍天来。"不是工荆公本人，真的写不出这样大的气势。"遨游半是江湖里，始觉今朝眼界开"，率直到底，毫无保留，就如钱钟书先生在《宋诗选》中所说的，"把锋芒犀利的语言时常斩截干脆得不留余地，没有回味的表达了新颖的意思"。缪钺先生也说："王安石少以意气自许，故语惟其所向，不复更为涵蓄。后为郡牧判官，从宋次道尽假唐人诗集，搏观而约取，晚年始尽深婉不迫之趣。"《狼山观海》完全契合王安石的早期诗风，是他始为"郡牧判官"

范扬所书《狼山观海》

万历《通州志》对王安石的记载

留下的印迹，也是北宋初期诗风的写照。

王安石的弟弟王安国（字平甫）有一次到通州来，王安石曾写过一首《平甫如通州寄之》："北山摇落人峥嵘，想见扬帆出广陵，平世自无忧国事，求田应不忏陈登。"

从诗意看，王安石不但熟悉通州，对这个地方的印象还不错，告诉弟弟可以考虑在这儿置办点田产。

比王安石稍早的名家夏竦，17 岁时随父亲来到通州狼山，并留下了诗作。这位夏先生在电视剧《清平乐》中被刻画成了"奸相"，实则也是一位大有作为的名臣。他所写的《狼山渡口有作》如下：渡口人稀黯翠烟，登临犹喜夕阳天。残云右倚维扬树，远水南回建邺船。山引乱猿啼古寺，电驱甘雨过闲田。季鹰死后无归客，江上鲈鱼不值钱。

这首狼山题材的诗，问世之后就获得赞誉。它虽生动记录了宋初狼山与长江的风情，但在凭山揽江的眼界和气度上，还是稍逊王安石的《狼山观海》一筹。

《狼山观海》虽然是王安石的一首逸诗，却对研究宋诗有较高的价值。南通人更是视其为珍宝，因为这一诗篇写活了狼山美景，呈现出江风海韵，千百年来，可以说"读她千遍也不厌倦"。

文天祥突围：为南通留下不朽诗篇

南宋德祐二年（1276 年）三月二十三日，丞相文天祥率杜浒、金应一行七人抵达通州城西门外。

城门紧闭。通州知州杨师亮的案头，放着一封顶头上司、淮东制置使李庭芝的手令，不得放文天祥入城，并要求惩办"叛相"。

此时，在长江淮水之间，文天祥一行已经度过二十多天"非人世所堪"的流亡生活。"道海安、如皋，凡三百里，北与寇往来其间，无日而非可死。至通州，几以不纳死"。《指南录后序》中的这段文字，

不少人在中学课本里阅读背诵过。通州在望，这里是濒临大海的最后一座城池，由此出海可以回归到闽浙一带尚存的南宋政权。如果通州不容，文相公的复国大业可能就走到了尽头。

这一年的正月，蒙古铁骑兵临城下，都城临安危如累卵。刚拜相不久的文天祥临危受命，以资政殿学士身份出使元营，试图通过谈判来挽救危局。文天祥与元军主帅伯颜临安城外的皋亭山大营见面后，一番义正词严，令伯颜汗颜。文天祥，20岁状元及第，他的才华和胆略令对手忌惮。

元军不久攻陷临安，谈判已经失去意义。伯颜一怒之下，南宋代表团被扣留。伯颜强迫文天祥以"祈请使"身份前往燕京朝觐，通过舆论给外界造成文天祥已经"归顺"北庭的假象。

文天祥与他的 11 名随从在镇江附近趁乱逃出了虎口。前有追兵，3000 名蒙古壮汉已在长江下游沿线密布罗网，准备在文天祥南归的每一个渡口予以封杀；后有堵截，尚在率南宋军民抵抗的李庭芝误信流言，命江淮诸城对文天祥"严防死守"。元、宋双方都已经发出了对文天祥的追杀令。

经历了几座城市的过门而不得入，通州的大门可否为文公打开？此

文天祥画像

时，一封谍报让杨师亮虎躯一震："镇江大索文丞相十日，且以三千骑追亡于浒浦。"杨师亮始知文丞相丹心未改，遂果断出城相迎，"馆于郡，衣服饮食，皆其料理"。就这样，文天祥走进了通州城，总算结束了九死一生的逃亡生活。

文天祥一路走来，以诗记程。这首《闻谍》就记录了通州军民接谍报而迎丞相的一幕。文丞相得以进入通州城中，还要感谢元军的"助攻"："北来追骑满江滨，那更元戎按剑嗔，不是神明扶正直，淮头何处可安身？"

进入通州城后，一件料想不到的悲剧发生。文天祥部下金应由于一路风霜寒露而染病不起，文天祥为他请医诊治，仍是无力回天，至闰三月十一日去世，时年 42 岁。文天祥想到金应跟随自己二十年，从江西追随至通州，一路历尽坎坷。如今遽然病逝，不胜悲痛。因处于难中，只能匆匆为其收敛。第二天，便将灵柩葬于通州西门外雪窖边，并作《金应墓碑记》，以及《哭金应》悼诗二首。诗中有"通州一抔土，

58

相望泪如倾"这样的悲情之语。

　　文天祥在通州城休整了二十多天，得到杨师亮的帮助，雇到一只从定海来的船只，又有曹大监等的三只船为伴，组成一支渡海南归的船队。于闰三月十七日自通州乘船出发，十八日宿在"卖渔湾"石港。不久，由此出海。一叶扁舟载着历尽艰险的文天祥一行"避渚洲，入北海"，之后"渡扬子江"南行，于闰三月底告别南通。

　　在长江入海口，文天祥写下了著名诗篇《扬子江》，他在该诗的序中提到了绕道出海的原因："自通州至扬子江口，两潮可到。为避渚沙，及许浦顾渚从行者，故绕去出北海，然后渡扬子江。"这首诗写道："几日随风北海游，回从扬子大江头。臣心一片磁针石，不指南方不肯休！"

　　三十日，舟抵台州，文天祥，终于结束了羁泊生涯。自此，南宋历史掀开了凄惨的最后一页，文天祥也走完了生命中悲壮的一段旅程。

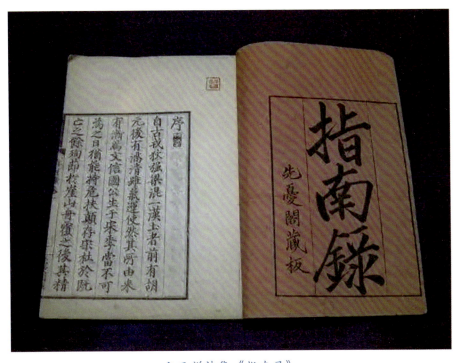

文天祥诗集《指南录》

59

文天祥在通州逗留期间，经常出东关遛马。他南渡时将马留在通州。元军占领通州后，那匹马不食草料而死。人称"义马"，将其掩埋在观音山前，称"义马墓"。《南通县图志》载："观永市有文天祥马墓。"

明初，当地人为了纪念文天祥，曾在观音山寺内辟出一室，做文丞相祠，不久寺废祠圮。嘉靖八年（1529 年）秋，通州判官史立模路过观音山，读了寺内所藏的文天祥诗，大为感动，捐出俸金三千贯，重建了文丞相祠。

文天祥惊心动魄的南归之行，也是一趟文化苦旅。他将这一路所写的 180 首诗歌作品编成诗集《指南录》，此首《扬子江》便为全集诗眼。这其中，文天祥留寓在南通境内达 40 余天，为这个当时偏于江海一隅的小城留下诸多名篇。"狼山青两点，极目是天涯"诗句被南通人传颂至今。

Tips 金应墓

金应墓是文天祥在南通留下的重要印迹。因为金应的官职为江南西路兵马都监，属于将军的序列，后人称其葬处雪窖附近的地方为"将军巷"，该巷子位于盐仓坝至铁星桥之间。这个地名沿用至 20 世纪 80 年代，后因房屋开发盖起新村，新村被命名为"将军园"。清顺治十六年（1659 年）三月，金应墓被水淹。通城人士将其改葬于狼山东麓骆宾王墓侧，称金将军墓。

马可·波罗笔下的通州，真的岁月静好？

在元代，意大利旅行家马可·波罗曾到访过南通。在他的《马可·波罗游记》中，曾这样记载这座城市："傍晚便到达一座名叫通州的城市。这个城市面积不大，但一切生活必需品的供应都十分充足。居民是商人，并拥有许多商船。鸟兽产量很多。该城位于东南方。在它的左边，也就是说在它的东面，相距三天路的地方，就可以见到海洋。在城市和海岸的中间地带，有许多盐场，生产大量的盐。"

马可·波罗

透过马可·波罗蓝色的眼眸，我们看到的是元代通州城内外一派岁月静好的景象。

元朝从忽必烈定国号算起，时长仅有98年，但这不到百年的岁月，还是在南通的发展史上留下了不少印迹。

蒙古人的铁蹄最早踏进通州，要追溯到南宋淳祐二年（1242年）十月，史载"蒙古入通州，屠其民而去"。当时常熟福山有一位通州籍老僧，作诗记录当时的惨状："见说通州破，伤心不忍言；隔江三日火，故里几人存……"

元朝至元十五年（1278年），也就是文天祥避难通州两年之后，元军再度占领通州，一度将这座城市的行政级别升格，称为通州路。

在南通城中心有一座谯楼，是元代留存至今的重要建筑物，建于元至正九年（1349年）。据明代《万历通州志》收录的为通州修谯楼而作的碑记中，提到的忽都火者，元代至正七年（1347年）担任州同知，相当于现在的副市长。他虽然为知州的佐官，但却是官阶较高的奉政大夫（在正六品至正七品之间），在南通有较强的影响力。

据史载，"通州当元代，设万户府，官兵久戍，遂世居于此"。这批蒙古官员携带着家属在通州城定居之后，马背上的民族被江海文化所同化，逐步偃武修文，使战争中饱受创伤的南通城开始恢复元气。就正如马可·波罗所记载的那样，元代的通州由于大批商人的到来经济显得更活跃，煮海为盐的盐业，更是给这座城市带来了财富。还有元初松江黄道婆的棉纺织技术改革，很快影响了一江之隔的通州，这里的土布纺织蔚然成风。

值得关注的是，元代海上漕运路线的开辟对中国航海事业的发展具有重要意义，其中开辟航海路线的朱清就是通州人。据南通地方志记载，位于长江边的通济闸，"乃元时漕运出海之处"。江北漕船于南通通济闸集中出舟，渡江前往刘家港启运，元代的南通成为长江北岸重要的港口之一。

建于元代的南通谯楼

正因为有了这些诸多外力的助推，元代的南通城才有了马可·波罗笔下那一番祥和的画面。

元代定居南通的蒙古族后裔，逐步与汉族融合，他们纷纷改了汉姓。普遍认为，南通城内外的保姓、冒姓、达姓等，都是蒙古族的血脉相传。就拿保姓来说，经过多年的繁衍生息，成为南通城中的望族之一。自从朱元璋招抚蒙古族讳罕之后讳元善，赐姓保，封天官，世居通城至今，保氏在通已延续二十三世。南通的保家被称为"保天官"家，素有的"孝友家声，诗书门第"的家风，历代都出过不少人才，仅《光绪通州志》所记载的保氏家族名人就有30位，其中列入《文苑传》中有14人。可见，保氏家族已经演变成文化世家。当代的保氏后人中，依然是俊杰英才辈出，如中科院院士、电子学家保铮，知名报人、中国民营经济研究会会长保育钧，青年演员保剑锋等。

南通城中，曾有好几条巷子以保姓为巷名，如大保家巷、小保家巷和保家野大门。如今，大保家巷已在八仙城建设中不见踪影，小保家巷则正在进行街区的升级，是南大街"三巷改造提升"工程的一部分。走过这些颇有来历的街巷，令人感受到历史的沧桑已经融进了城市的肌理之中。

明清南通土布，木棉花布甲诸郡

南通出土的明代土布

1956 年，出土于南通市郊明代嘉靖元年的顾能墓中，发现了九匹土布。布匹颜色有黄、白二色，各匹布的长度不一，短者 570 厘米，长者 775 厘米。宽度较为一致，其中一匹布的一角有墨书"姚国臣"三字。现收藏于南通博物苑的这一土布，织工上乘，质地较佳，表明当时的南通已经具有较高的织布工艺水平。

南通滨江濒海，气候湿润，土壤肥沃，土质呈碱性，宜于植棉，自明代起就是中国著名的棉产区。数百年来，当地农民男耕女织，"家家习为恒业"，史有"木棉花布之产甲诸郡"之称。

宋末，植棉和纺织技术传播到了江南，元初松江乌泥泾的黄道婆对手工纺织技术的改良，促进了棉纺织业在长江中下游地区的发展。元人马祖常《石田集》中有"江东木棉树，移向淮南去"的诗句，说明元代棉花种植已越过长江，传播江北地区。

64

中国人大范围使用棉织品是从明代开始的，南通恰好赶上了这波"浪潮"。明朝河道变化引起海岸线东移，南通出现大片宜于种棉的盐碱土地，加上棉纺织技术的普及，棉纺织业取代盐业成为南通的支柱产业。南通逐步成为历史上继松江之后名闻全国的"土布之乡"。

　　明清时期，江海平原成为重要的棉花产区。明《嘉靖通州志》卷一《物产·货之属》有"木棉花"的记录，表明棉花已成为一种商品。清《康熙通州志》《乾隆通州志》中，都记载了沿江农民"善种棉""种业多棉花"。

清代方关乘《御题棉花图》

65

南通民间制作蓝印花布场景

通海棉花不仅产量大，而且品质优良。如通海普遍种植的鸡脚棉，株秆短矮，叶缺五出如鸡脚，其纤维"绪理紧密、绵绵不断"，为各地所乐用。至清代，通州全部农田的七八成都种着棉花，当地培育的棉种正是"鸡脚棉"，它的出棉率比彼时江南其他的优质棉种更高。甘熙《白下琐言》中记载：道光年间，其叔父在南京孝陵卫设机织布，所用棉花"必得崇明、通州所产"。

丰富的棉产为通海土布业发展奠定了基础。手工棉纺织业也随之兴起，通州地区逐渐成为重要土布产区，出现了"时闻机杼声，日出万丈布"的盛况。

清代南通的纺织工具和技术，在乾隆时通州人汪芸巢的《州乘一览》中有记录："有轧车碾去其实，名花衣。有弓弹之，名熟花衣。有细竹筒为筒，名条子。有纺车系以铤，纺而成纱。善纺者能三，三为常，两为下。浆纱，刷纱为上，浆多为下。于是上织机而为布。"

从这段记录来看，制棉使用了轧车和弹弓；纺纱使用了复锭纺车，三锭纺车的使用也已常见；浆纱也用了上浆质量高的刷纱工艺。比较江南地区同时期的文献记载，可知清初南通的纺织技术已不遑多让。

通海地区的土布生产，起初主要为本地人民自用，不求向外销售，故称为"家机布"。清朝入关后，关内外交通畅通，特别是鸦片战争之后，随着沿海通商口岸的兴起，通海棉花及土布开始往东北销售。由于东北地区气候寒冷，棉布需求量巨大，除了做衣被以外，土布还有许多用途。粗厚坚牢、经洗耐着的南通土布在东北出现后便大受欢迎。

上海被辟为通商口岸后，通海土布改为从上海转运东北，交通较先前便利许多，北销因而增长，进而形成了近代闻名的"关庄布"业。

机杼之声，回响不辍。在数百年纺织业历史的积累下，南通逐步成为我国棉、布生产基地与贸易重镇。1895年，清末实业家张謇在南通唐闸兴建大生纱厂，更使这里率先兴起了民族纺织工业。如今的南通，"纺织之乡"的金字招牌已被擦得更亮，不仅成为我国纺织业聚集度最高的地区之一，其家纺产业更是位居国内"龙头老大"。

沙船与"通海帮"：湮没在历史的海洋

2023年1月30日，崇川区顺堤河地块明清时期水工遗址考古发掘项目通过省文物局验收。此次考古发现了明代水闸遗迹石构件和一艘清代早期平地沙船，被专家认为具有重要价值。

专家认为，这次重要考古发现，不仅为研究古船结构和南通航运史提供了重要实物资料，而且对推动长江国家文化公园南通段的建设也具有重要的意义。

顺堤河地块位于崇川区任港湾和五龙汇片区。2022年4月，这里的项目施工过程中，发现多块条石。市、区文物行政部门接报后第一时间赶赴现场勘查，随后组织指导相关责任单位委托南京大学对该区域进行了考古调查、勘探工作，确认地下存在疑似水工设施文物遗存。经请示国家文物局批准，2022年10~12月间，实施了抢救性考古发掘工作。

本次考古发掘项目北侧紧靠今任港河。今任港河是连通长江与濠河的一条比较重要的河道。结合1932年民国地图上任港河走向判断，本次发现的古河道应为早期任港河的弯口处。

任港河因与任家港口相连，故名。据《光绪通州直隶志》卷二《山川志》记载，宋仁宗宝元年间（1038~1040年），通判任建中在州城西五里筑堤以阻挡江潮，所筑堤坝称为任公堤。后来渔民到任公堤附近打鱼，逐渐形成港口，任家港因此得名。由此可见，任家港形成年代最早可追溯到宋代。作为

发掘现场俯瞰图

古代重要经济命脉的运盐河，即由任家港入江，任港河也是与运盐河息息相关的一条重要河道。

这次发掘的河道内堆积可分10层，底部发现有与水闸等水工设施相关的石构遗迹，出土了大量明清时期陶瓷遗物、铁器等。据此判断，该段河道的使用时期为明代晚期至清代早期。

石构遗迹的分布和宽扁形石板面有"燕子形"铆槽、长方形条石侧面有凹槽、生铁浇注铁锭等线索，查证《乾隆直隶通州志》卷三《山川志》）的文献记载："叶家闸在州西南任家港口叶家坝上，明嘉靖中巡盐御史陈蕙建。后坝沦于江，闸并废。"据此分析，再结合本次发掘

69

中发现的河道位于任港河弯口处，以及石构遗迹遭破坏的现象判断，该石构遗迹很可能是被自然水力冲击垮塌的叶家闸遗存。

本次考古发掘出土的文物，以清代早期古船最为重要。出土的这艘古船位于河道内北壁，船头朝西，船尾向东，平面呈长条形，中部略外弧，是方头、方梢、平底，并带有舷伸甲板的木质船。全长9.9米，最宽处3.1米，舱深1.1米。古船保存情况较好，由底板、舭板、身板、甲板、搪浪板、舱壁板、主龙骨、走马龙蛇、舱口围板等部分组成。

根据古船形制与结构判断，该船为清代货运平底沙船。结合船舱内出土的"顺治通宝"铜钱判断，古船的年代应为清代早期。根据船舱内出土的木质滑轮构件及船体的形制判断，应属内河的货船。项目专家认为，出土的古船船体保存情况良好，形制结构明晰，是近年来南通乃至江苏地区同类遗存的一次重要发现。

本次出土的沙船，尽管在体量上无法与2022年11月上海崇明出水的长江口二号古船相比，但同样属于庞大的"沙船家族"之列。沙船是为适应长江口多沙平缓水域特点而诞生的"江海之舟"。在上海市的市徽上，沙船造型就占据了显要位置。

地方文史专家赵明远著有《湮没于历史的早期"通商"——沙船业"通

海帮"初探》，对沙船的前世今生进行了详尽叙述。

古代沙船式样

沙船为中国古代的四大船种之一。南通自古有渔盐之利，江海、内河的捕捞、运输普遍使用沙船。沙船前身是宋元史料记载中的"平底海船"。清道光年间通州徐缙、杨廷撰纂《崇川咫闻录》中摘抄了《元史》海运的内容，同时指出通州建有"通济闸"，"乃元时漕运出海之处"。通州一带漕运船只由通济闸"出舟"过江，集中于刘家港。沙船名称最早应出现在明代。明人所写《再陈海运疏》直接涉及南通："沙船以崇明沙而得名，太仓、松江、通州、海门皆有。"这段史料首次提到了通州、海门拥有沙船。

南通因其江海之交的区位和特殊自然地理面貌，不仅很早就有航海活动，而且还是沙船的发源地之一。通州、海门沿海一带产生了航海技术高超的船工和具有冒险精神和商业头脑的船户，他们凭借沙船的技术优势，承揽海运，冒险奋斗，逐步壮大起来，并在清前中期形成了规模庞大的"通海帮"，成为最早走出南通并名噪一时的"通商"商帮。

清道光年间，数量众多、船籍分属于长江三角洲各个县份的江南沙船齐集于上海口岸，进一步促进了上海海运贸易的繁盛和上海口岸的发展。在上海取得江南地区一枝独秀的口岸地位之时，沙船业中的通海帮也迅速兴起了。他们以上海为母港，逐步发展为实力雄厚的沙船船帮。道光五年（1825年）"经世派"名臣包世臣说："沙船十一帮，俱以该商本贯为名，以崇明、通州、海门三帮为大。尤多大户立别宅于上海，亲议买卖。……其大户有船三五十号者，自为通帮所敬厚。"

　　赵明远认为，南通地方史料中缺乏"通海帮"的记载，也许就是因为他们与南通本土没有结成紧密的社会经济关系，导致沙船业"通海帮"如同废弃的沙船，湮没在历史的海洋中。

　　在重新探寻"通海帮"及南通沙船史的历程中，需要找到更多的实物来做支撑。此次在顺堤河地块出土的沙船，尽管不是用于海运的沙船，但为我们提供了较为完好的平底沙船实物，为南通古船及江河航运的研究增添了重要实物证据。

　　明代水闸遗址及清代古船的发现，是南通江海文化的宝贵历史见证，极大地丰富了"一带一路"倡议和长江国家文化公园建设的历史底蕴和文化内涵。

大生1895，枢机之发动乎天地

　　学者章开沅说："1895年，中国有三个人做出自己一生最重要的抉择：康有为选择变法，孙中山选择革命，而张謇却选择实业与教育。三者的终极目标都是救国，或许可以称之为殊途同归。"

　　1895年夏天，在家乡丁忧的张謇为署理两江总督兼署江宁将军的张之洞起草《条陈立国自强疏》。身为洋务派巨头的"张香帅"与张謇倾心交谈之后，决定拉这位新科状元"下海"。张之洞授意张謇在通州

大生钟楼及码头

办纱厂，张謇思考了几天后，慨然应允。

1895年底，张之洞正式委派张謇"总理通海一带商务"，要求他召集商股，尽快将纱厂办成。

张謇一生的实业救国之路，以1895年在唐家闸兴办大生纱厂为起点，由此树立了我国民族纺织工业的成功典范——大生纺织集团。他的社会改革蓝图，亦以唐闸工业镇为实验基地，继而推进南通地方的改革事业。甲午余硝中，张謇怀揣着强国梦上下求索，梦开始的地方，就在唐家闸。

有人说，如果没有张謇，唐家闸只会是个渡口的名字。唐家闸又称唐闸，位于南通城西北15里处。在一段漫长的岁月里，它只是通扬运河边上一个籍籍无名的乡间野渡。明成化二十年（1484年）建筑石闸，因而此地以闸得名。位于唐家闸西河岸的陶朱坝，曾是一片荒草荡。

张謇选中了唐家闸来建纱厂，绝非心血来潮，而是经过了一番斟酌的。"厂基历相数处，以唐家闸地界内河外江之间，交通较便，故定基于此"。张謇后来在追述选址的初衷时，除了强调此处的水陆近便的地理优势，还认为唐闸周边数十里皆产优质的墨核棉花，还有纺织厂所需的重要人力资源——女工。"通州西北乡妇女皆天足，上工能远行，做工能久立"。他对地利、原料、人力都做了仔细考量后，决定落子于此。

后人以上帝视角认为，这是一个简单的选择。殊不知在张謇办厂

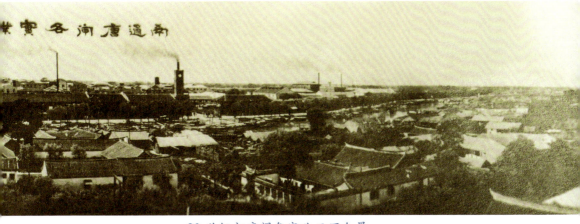

20世纪初唐闸各实业工厂全景

之前，国内设立工厂都是放在商贸集中的都市。张謇筹设纱厂前，对沪上的9家纱厂进行了用心的考察，认为"上海纱厂之病，正坐拥挤"。张謇果断选择将工厂设在郊外农村的唐家闸，显示出了过人的战略眼光，也包含着他改变乡村落后面貌的愿景。继大生一厂之后，大生二厂、三厂也都扎根在偏离城区的乡村。而在当初，他的"不走寻常路"却吓坏了几位"沪董"，这些人以各种理由对投资承诺进行推脱。

张謇将新建的纱厂命名为"大生"。"大生"二字，源自《易经》"天地之大德曰生"。张謇后来与友人谈道："以大生两字命名，就是天地之大德曰生的涵义。而现在要扩充盐垦，亦不离此宗旨。换句话说，没有饭吃的人，要他有饭吃；生活困苦的人，使他能够逐渐提高。这就是号称儒者应尽的本分。"

张謇为自己所创办的企业冠以这样的名称，既体现了中国知识分子"为生民立命"的儒家胸怀，也昭示了其实业报国的拳拳之心。从"大生"这个名字，我们能够深刻体会到张謇忧国忧民的情怀——他放弃仕途，不是追求个人财富，而是有着更为崇高的目的。

清朝末年，作为世界棉花的重要产地，中国每年都有大量优质棉花源源不断流向海外，再被加工成"洋纱"返销国内。仅此一项，我国每年损失的白银就高达2亿两。

张謇认为，棉纺工业是维系国计民生的基础工业，倘若任由事态

唐闸近代重要工业遗存示意图

发展下去，其结果必然是"利之不保，我民日贫"，这也正是他选择纱厂作为他实业起点的原因。他曾在亲自制定的《厂约》里，鲜明地阐述了办厂宗旨："通州之设纱厂，为通州民生计，亦即为中国利源计。"

但是，大生纱厂的创业之路，却走得非常艰难。从1895年10月筹办，到1899年5月投产，在这个过程中一波三折，几次面临夭折的困境。

张謇筹办大生纱厂之初，为避免企业实权落入官方手中，仿照西法，以股份制形式吸引民间资本。他和上海及本地的六位董事商定，办一个两万锭规模的纱厂，股本60万两银子，向社会募集。这就是"通沪六董"。股票发行以两个月为期，分别在上海、南通、海门三地认购，结果应者寥寥。

对于集资办厂这件事，诋毁的人有十之五六，惋惜的有二三成，赞成的大概有一成，而真正帮助的不到十分之一。张謇曾生动地描述了当时的窘状："闻者非微笑不答，则掩耳却走。"

民间集股这条路很难，张謇转而向官府寻求援助。他通过两江总

复原的大生纱厂生产车间

督刘坤一，将张之洞搞洋务办湖北织造局时买来搁置在上海的一批已经锈蚀的机器作为官股投资。1896 年 12 月 6 日，江宁商务局与大生纱厂签订《官商合办条约》，将南洋纺织局的 4.07 万锭纱锭加全套锅炉、引擎，折价官股 50 万两投资大生。但这只是一批积压已久的机器，大生还要另外筹集 50 万两民间资本修机器、建厂房、收原料和用于营运。

1897 年，大生再次向社会招股，可是进展还是很不顺利。当时，大生的原始股是 100 两银子一股，有时凑不到一股连半股也收，最小的一股甚至只有 37 两。在此过程中，盛宣怀曾经承诺帮助筹集资金，但最终连一文银钱也没有到位。张謇写了无数告急信，几乎字字血泪，但最终都石沉大海。为此，张謇一直不能原谅盛宣怀的言而无信。

最艰难的时候，张謇与朋友们在上海"每夕相与徘徊于大马路泥城桥电光之下，仰天俯地，一筹莫展"。

几年之后，虽然大生纱厂已经取得了不凡的业绩，但回顾往事，张謇依然常常感慨万分。于是，请人按其意绘制了四幅《厂徽图》，悬挂在公事厅里，以警戒全体员工不忘来路的艰辛，不向困难屈服。

　　1899 年农历三月二十九日，经历重重挫折的大生纱厂终于在南通唐家闸建成。即使到了这时，外界的怀疑还没有停止。先是有人说："厂囱虽高，何时出烟？"试机后，又有人说："引擎虽动，何时出纱？"张謇皆以事实一一回击了讥讽。同年四月十四日（5 月 23 日），大生纱厂正式出纱。

　　虽然筹办的过程异常艰难，大生纱厂最终还是取得了巨大成功。到 1908 年累计实现净利润 190 多万两。自 1914~1921 年，大生纱厂的利润率更是高达 44%，盈利累计达到 1600 多万两。那一时期，上海报纸上天天刊登大生的股票行情，大生股票成为当时市场上不断上涨的"绩优股"。

　　大生纱厂创办成功以后，张謇并没有止步。相反，以此为起点，他的实业梦想从两个维度快速而有序地展开：一是横向迅速扩大产业规模，二是纵向全力拉长产业链条。由此，在后来二十多年里，张謇将他的实业推广到了农垦、机械、食品、交通运输、金融、外贸、房地产、通讯、电力等不同领域。这些企业遍布南通各地，影响波及海外，既独立经营，又在融资关系、人员派遣、原材料供应、产品销售、技术支持等方面相互依存、相互支持、相互补充，形成了一个以棉纺织业为核心的良性循环的经济体系，成为这是中国最早的跨行业、跨部门的民族资本集团，其规模远远超过了同时代的其他企业。

　　"枢机之发动乎天地，衣被所及遍我东南。"大生纱厂正式开工时，张謇专门请恩师翁同龢撰写了这副对联。在那个风雨飘摇的苍茫末世，张謇以大无畏的精神为救国图强闯出了一条通往光明的路，这一切都是从创办大生纱厂起步的。张謇总结自己平生所办事业时说："皆以大生一厂为母本。"

　　为纪念大生纱厂 1899 年 5 月 23 日正式开工投产，南通将每年的 5 月 23 日定为"南通企业家日"。

柳家巷 15 号门头

辛亥那年，柳家巷口夕阳低

1911 年 10 月 10 日，武昌城头一声枪响震惊了世界，也震动了长江下游的南通。相隔不到一个月，11 月 8 日，南通人民便举起义旗，宣告独立，与清政府脱离关系。

在辛亥革命声势浩大的浪潮中，有两位南通人的名字被载入史册：一位是南通著名实业家、教育家、政治家张謇先生完成了从立宪到共和的转变，在历史进程中发挥了重要作用。而另一位南通人白雅雨，是中国近代民主革命家、辛亥滦州起义的领袖，为这场推翻帝制的民族民主革命在北方英勇捐躯。

那么，当时偏居江北的通州城，又是如何面对这场已经席卷半个中国的历史风暴？

位于狼山的辛亥烈士白雅雨墓前的绝命诗

武昌起义爆发之时，身为立宪派领袖之一的张謇正在现场。当时，张謇在武汉主持了大维公司纱布厂的开工庆典，这是大生集团为将工商版图向华中延伸而迈出的一步。张謇一行于1911年10月10日之夜，乘船离开武汉。"舟行二十余里，犹见火光熊熊上烛天也"，张謇后来清晰地记得当夜目睹武昌起义爆发的情形。

革命形势很快蔓延到大半个中国，各省区纷纷宣布独立，加之清王朝并不接受张謇等人关于立宪的建议，张謇在政治思想上也发生了很大的转变，由立宪走向共和。

张謇从武昌返回后，先在上海短暂停留，为挽救时局做了一些亡羊补牢的安排。但看到革命形势发展迅猛，便匆忙回到南通，考虑如何应对。当时，张謇的主要精力在上海，由其兄张詧坐镇南通，帮助经营大生集团各项事业。

当时的南通城内外，响应共和的声音已成主流。在张謇等乡贤创办的通州师范、通州女子师范、通海五属公立中学（南通中学前身）各校各学校学生，平时看报纸杂志，受到新思想的启发，很多人赞成

孙中山赠送张謇的照片

共和、主张革命。工商业受苛捐杂税的压榨，早已经忍无可忍，期待着社会变革。至于社会底层挣扎的工农大众，更是盼望着腐朽的清政府垮台。在南通还有一个重要的事件，当时沿江一带田地崩坍，地方人士发起保坍运动，时任两江总督张人骏却置若罔闻，南通士绅和民众对此充满愤怒。种种内在原因，犹如积薪厝火，一触即发。这时只要有外部力量的推动，古老的南通城将迎来一场大变局。

很快苏、沪相继独立，张謇往来与上海和南通之间，抓紧与上海光复军及张詧、孙宝书等本地绅商筹划南通的共和大计。11月8日，也就是农历辛亥年九月十八日，这是南通与上海方面约定举起光复大旗的日子。当时，南通宣布独立在市民中已成公开的秘密。通海五属公立中学当天下午的课程一结束，师生们就提前吃晚饭，鸣钟集合，列队出发，前往芦泾港轮埠，而市民们也争先相告革命军将于五时以后登陆。

当天傍晚，上海光复军乘"掣电"和"广艇"两艘兵舰登陆南通芦泾港。领头的是上海军政分府的成员许宏恩。许宏恩曾任过狼山右营游击，熟悉南通情况，与张詧、孙宝书等素有交往。在孙宝书率领下，地方绅商、学生代表，特别是来自师范、中学和高小的学生共计四五百人，如期而至芦泾港迎接。其中，有一部分青年学生还身穿制服，荷枪而往。

11月9日，光复军与南通各方人士来到了位于寺街柳家巷的通崇海泰总商会，召开地方大会，宣告成立通州军政分府。张詧为被选为总司令，许宏恩为军政长，孙宝书任民政长。原通州知州张有采也被吸纳进了军政分府，担任司法长。军政分府当即宣布了一系列提振民心的新政，如本年民地、沙地、灶地田赋钱粮，一律豁免不征。

南通的光复是一场不流血的和平起义。即使是对清廷派驻通州的高级武官、狼山镇总兵张士翰，军政分府也是采取"杯酒释兵权"的做法，发放高薪让其返回老家。

值得一提的是，张謇在幕后筹划好南通光复事宜之后，在上海兵舰到来前的两三个小时，从天生港乘船往沪。张謇此举，是为避免与光复军见面直接表示态度，他当时尚在扮演通南北之邮的角色。到上海后，张謇当即采取了两个大的行动，一是与伍廷芳等发出致摄政王主张共和的电文；二是以江苏省咨议局议长身份领衔通电全国，要求各省赞成共和。

其后，张謇参与了"南北议和"，以其特殊身份斡旋于南北之间。这位清末的恩科状元，亲手草拟了《清帝辞位诏书》，宣告了清王朝的最终覆灭。1912年1月1日（辛亥年十一月十三日），张謇在南京参加民国成立仪式和孙中山就任临时大总统典礼，并于次日被推为实业部总长。

柳家巷15号是寺街街区重要的历史建筑，它既是通州女子师范学校的第一个校舍、通崇海泰商务总会办公地，又因为在辛亥革命中作为通州军政分府的办公室而被载入史册。

今天，走进柳家巷15号，眼前那幢中西合璧门楼依稀可见往日的风采。这是一座大宅院，原主名叫陈启谦。1905年，张謇、张詧购买后，在此建立了通州女子师范学校。1910年，女师迁新址，通崇海泰商务总会迁入。20世纪30年代，通明电气公司曾将员工宿舍安排于此，柳家巷成为江上青等进步青年从事革命活动的地方，这里由此成为一个红色纪念地。

"柳家巷口夕阳低"，是清初南通诗人范国禄怀念说书大师柳敬亭诗篇中的一句。辛亥那年，南通城里，日薄西山的清朝统治在柳家巷口落幕，恰似低垂的夕阳沉入了通城的夜色里。

"近代第一城"这样打造

  成书于 1925 年的《二十年来之南通》，曾是一册不知作者为谁的神秘之书。这部书聚焦张謇先生经营南通的亮点，以十余万言叙述当时南通的风物、人文、实业、垦牧、教育、慈善事业等，可作为本地区的一部断代史看。

  直到 1988 年，作者才被南通文化界找到，他就是 1921 年慕名报考了张謇所创办的南通大学农科的四川自贡人陈翰珍。当时的青年学

张謇与大生纱厂的展陈

83

张謇故居濠南别业成为人们怀念这位先贤的地方

生陈翰珍将书稿寄呈张謇先生审阅，并请赠序，但因为张謇不久病逝而未能如愿。这本书被南通人视作珍宝，因为它比同时期本地官方编撰的相同题材《南通地方自治十九年之成绩》更生动，更接地气。

以张謇先生为代表的先贤从 1895 年肇始，引领这座城市走向近代化的这段历史，确实值得后人满怀敬意去书写和铭记。

张謇有句流传至今的名言"父教育而母实业"，他成功开创了"以实业辅助教育，以教育改良实业"的模式，同时也开启了被后世论证

为"中国近代第一城"的打造之路。自大生企业和通海垦牧公司打下"母实业"的坚实基础之后，他在南通城乡开始擘画"父教育"的版图。

20世纪伊始，张謇就明确提出了"兴学之本，惟有师范"的主张，换来的却是各级陈腐官僚对此横加非议。失望之下，张謇决定自办师范学校。

张謇一身青衣小帽，在南通城内外到处寻找合适的校址，最后选中了南门外已经荒废的千佛寺作为未来的师范校园。政府没有一丝一毫的投入，张謇就拿出自己在大生纱厂六年未支的工资和分红，加上亲友资助共筹集9.3万元筹办通州师范学校。张謇自己动手测量、设计、绘图，经过7个月的修建改造，一座可容纳300多名学生学习生活的新式校园在濠河畔展露风姿。

开办师范之初，张謇就自豪地宣布："夫中国之有师范学校，自光绪二十八年始，民间之自立师范学校自通州始。"光绪二十九年四月初一（1903年4月27日），近代中国的第一所民立师范学校——通州师范学校正式举行开学典礼。典礼上，穿着翰林院修撰冠服的张謇，因为连续操劳嗓子不好，演讲词改为书面张贴，"坚苦自立，忠实不欺"的通师校训就出自其中。

开办通州师范学校的经费全靠张謇筹集。一方面，他从大生纱厂的利润中拨出一部分来办学，说服股东形成规定，每年从大生纱厂利润中抽出十四分之一用于师范教育；另一方面，张謇每年都从自己的收入中拿出大部分贴补学校。他说过："家可毁，师范不可毁。"

张謇聘请的教师中，有后来成为国学大师的王国维、书画大家陈衡恪，还有一批日籍教师。

1905年，张謇又与张詧一起创办了通州女子师范学校，这在当时是开风气的新事。

有了师范做基础，张謇开始实施在南通建设初等小学 600 座的宏伟计划。从 1904 年在自己的家乡创办常乐第一初等小学开始，到 1926 年逝世止，他创办的中小学近 350 所，南通的基础教育得以快速发展。

张謇于 1905 年创办的南通博物苑，是中国第一座公共博物馆，并成为中国博物馆事业的发祥地。张謇创办博物苑，也是在上书朝廷遭冷遇后，决定自己动手在家乡创建博物馆。2005 年 9 月，南通博物苑迎来百年苑庆，同时也举办了中国博物馆事业发展百年庆典。

地方自治本是西方社会管理的一个概念。1903 年，张謇赴日本进行了为期 70 天的参观考察，将日本人经营城市的经验都详细记录下来，写成一册《癸卯东游日记》。考察回来后，张謇将自己历来主张的"村落主义"与具有近代观念的地方自治结合起来。

张謇在给他的三哥张詧的信中说，把地方自治分成三部分逐步实施："宜先实业，次教育，次公益、慈善，此为三大总。"按照这个线路图，张謇在办实业、兴教育初见成效的情况下，便开始在南通构建他的"新新世界"，全面、系统、综合地改造南通的城镇布局和城乡面貌。

张謇为南通城规划了"一城三镇"的空间布局，奠定了南通向近代化城市发展的框架。"一城"即老城区，是政治、经济、文化、金融、贸易、教育中心和居民生活区；"三镇"分别是工业区唐闸镇、港口区天生港镇和风景名胜区狼山镇。

在城市的文化建设方面，张謇在创办了南通博物苑、翰墨林印书局、南通图书馆之后，将戏剧改良与社会改革结合起来。1919 年，张謇在南通创办了我国近代第一所新型戏剧艺术学校——伶工学社，将戏剧家欧阳予倩从上海新舞台聘请过来主持教务。同一年，张謇在南通城的西南新建了一座大剧场，取名"更俗剧场"，寓意"更改旧俗、树立新风"。剧场由建筑设计师孙支厦仿上海新舞台设计，不但硬件设施在全国属一流，更是一个引领新文化风尚的舞台。剧场建成后，梅兰芳三次应邀来更俗剧场演出，盛况空前。张謇邀请时称"北梅南欧"的梅兰芳和欧阳予倩在更俗剧场同台演出，一时传为佳话。

张謇对于刺绣这项工艺美术的关心与扶持，不仅为保护刺绣艺术

民国初年，通州师范学校全景

南通公共体育场

早期的南通博物苑

这项古老国粹，也因为实用型的刺绣品与纺织业相关联。张謇于1914年在南通开办了中国第一所刺绣学校——女工传习所，请来了刺绣大师沈寿主持传习所。由沈寿口授、张謇笔录，编成了《雪宦绣谱》，弥补了"莽莽中国独缺工艺书耳"的缺憾。

张謇非常重视国民的体育锻炼。1919年和1923年，张謇不惜花巨资在南通城南连建两座体育场，这在当时是绝无仅有的。如今的南通，先后涌现了21位世界冠军，被称为"世界冠军的摇篮"，可以说与当年张謇奠定下"体育之乡"的基础分不开。

张謇十分重视环境对人心灵的陶冶，为此在南通建起了一批公园。1913年，他在唐闸工业区兴建了唐闸公园，让职工能得到一个放松身心的公共场所。1917年开始，他又在南通濠河边上，连续开辟出东西南北中五座公园，俗称"五公园"。张謇早期的的规划建设，使濠河这一古老的护城河变身为风景名胜，如今的濠河风景区已经跻身国家5A级景区行列。而对于南通另一处休闲胜地、紧邻长江的五山景区，张謇也对其名胜古迹予以保护和修缮。1917年，张謇在五山之一的军山创办了我国第一家气象台——军山气象台。

张謇在创办慈善事业方面，捐献了他在企业的全部工资和红利。据统计，1900~1925年间，张謇在实业中所得的薪俸是250多万元，不仅全部用在了教育、慈善和其他公益事业上，还欠下了一身债务。在生命的最后几年，年逾古稀的张謇数次登报卖字。72岁时，张謇自称"七旬千纸落江湖"，他将这些作品换来的资金全部贡献给了社会和民众。

1906年，张謇在唐闸建成新育婴堂，是当时全国规模最大的育婴堂。张謇与其兄张詧还将生日收到的寿礼悉数捐出，从1912~1922年，分别创建了三所养老院。三所养老院可收容360名60岁以上的孤寡老人，老人从入院以后到去世的一切费用均由院方负担。

1916年，他在狼山北麓创办了残废院。残疾人不论年龄大小，均可入院，由院方提供衣食及生病后治疗。张謇创办的狼山盲哑学校也于这一年正式举行了开学典礼，该校是中国人自己创办的第一所特殊教育学校。

张謇所创办的慈善事业，还有贫民工场、栖流所、济良所等。从1906~1922年的十六年间，张謇共创办了16家慈善机构，数量之多，涉及面之广，在同时代无人能及。

张謇希望通过自己的实践，"建设一新世界雏形"来示范全国。他创造了十多项"全国第一"，为这座城市留下了宝贵的精神遗产。正是在他的努力下，近代的南通从一座闭塞的江北县城，发展成为具有近代规模的新兴城市，也是一个在当时世所罕见的"幼有所教，老有所养，贫有所抚，病有所医"的理想城市，并在全国享有"模范"的美誉。

2002年7月，城市规划学专家、两院院士吴良镛专程来到南通，踏访了张謇时代的历史遗存，反复揣摩，逐步形成了比较全面的"中国近代第一城"理念，从中国近代城市发展史的角度提出："张謇先生经营的南通堪称中国近代第一城！"

这里点燃江海大地第一簇革命星火

走进位于唐闸镇的江苏大生集团内，可以寻访到一个红色地标——中共南通独立支部纪念地。这里是张謇先生创办的有着 120 多年历史的大生纱厂原址，1926 年 4 月，南通最早的党组织——中共南通独立支部在此建立。

江海大地的革命星火最早出现在大生纱厂，并非偶然。作为中国近代民族工业发祥地之一，唐闸镇在 20 世纪初已集聚企业 20 多家、工人数万名，汇聚了一大批知识水平较高、思想进步的青年。

1912 年，张謇在大生纱厂内建立中国最早的纺织高等学府——纺织染传习所，吸引了一批来自全国各地的青年才俊，其中包括江西兴国县人邱会培。1921 年，24 岁的邱会培来到南通纺织专门学校读书，为纺工系第十届毕业生。邱会培与兴国老乡、中共江西党组织主要创始者袁玉冰是中学同学，受其影响走上革命道路。读书期间，邱会培利用课余和假日，深入到大生一厂工人中调查，了解工农疾苦，革命意志更加坚定。

1923 年 7 月，中共上海地委军区执行委员会讨论了南通等地的建党问题，由国民运动委员会委员长沈雁冰负责南通的建党工作。此后，在中共早期的政治活动家恽代英、陈延年等关怀、培养下，南通纺织专门学校学生邱会培，南通师范学生丛永琼、王盈朝、徐家谨，如皋师范学生陆景槐等先后加入中国共产党。

1926 年 4 月，南通最早的党组织——中共南通独立支部建立。上海《组织系统表》记载："四月，南通已有独支，有党员 6 人，邱会培为书记，属上海区委领导。"南通独立支部以唐闸工业区为活动中心，利用工人夜校这一阵地，对工人进行识字教育、阶级教育，帮助组织工会，开展工人运动。

1926年秋，邱会培回家乡江西省兴国县开展革命活动。1930年10月，邱会培不幸牺牲。这位首任书记虽然离去，但他和革命战友播下的火种却燃烧起来。1927年入党的刘瑞龙，之后也曾担任过南通独立支部书记。1928年8月下旬，在唐闸大洋桥西的一家茶楼上，唐闸资生铁厂工人出身的顾臣贤由刘瑞龙、林子和介绍入党。顾臣贤后来成为南通中心县委书记。

自1928年起，独立支部组织全厂大罢工，展示了觉醒的工人阶级的强大力量。据统计，自独立支部建立到全国解放，大生纱厂规模较大的罢工斗争就达11次。

通扬运河畔燃起的革命星火迅速蔓延，撕开了笼罩在江海大地的沉沉夜幕。南通独立支部成立不久，中共江苏第一代用师范支部即在南通师范学校成立，成为学生开展革命活动、传播马克思主义的领导核心。1927年，经中共江苏省委批准，中共南通县委成立，以南通代用师范作为主要基地，迅速开展基层党组织整顿和建设工作，发动青年学生和知识分子进工厂、去农村，在工农群众中发展党员，建立党的基层组织。截至当年底，南通县委就建有11个党支部，党员约50名。从大生纱厂燃起的革命烈火已在南通形成燎原之势。

抗日战争爆发后，1938年11月，在中共江北特别委员会领导下建立了大生一厂地下党支部，同时建立了一支以唐闸产业工人为主体

中共南通独立支部纪念地

的抗日武装。唐闸地区 300 多名男女工人参加了抗战支队，部队在战斗中不断发展壮大。

中国共产党南通独立支部的创建及斗争史，是南通早期党组织活动和南通革命斗争的缩影，见证了革命先驱爱国、报国、为实现崇高理想而不懈奋斗的历程，在南通的革命斗争史上写下光辉的篇章，成为江海大地第一簇革命火光。

1991 年 4 月，在独立支成立 65 周年之际，中共南通市委、南通市政府在大生一厂建立"中国共产党南通独立支部纪念地"标志，永志纪念。

走进苍松翠柏间的纪念地，一座灯塔造型的纪念碑巍巍挺立。在那个峥嵘岁月里，这灯塔照亮了苍茫大地，为上下求索的江海儿女指明了航向。

火烧竹篱笆，反"清乡"的绚丽一幕

　　1943年7月1日的夜晚，从长江边上的南通天生港起，北到丁堰，再转向东到掘港一直到黄海边，绵延数百里火光冲天，人声鼎沸。光明冲破黑暗的同时，日军封锁苏中抗日军民的阴谋宣告破产。这就是当时威震全国的"火烧竹篱笆"，它是苏中反"清乡"的绚丽一幕。

　　1938年3月17日，日军从南通城郊姚港附近登陆，南通城沦陷。在中国共产党统一战线方针的影响下，南通人民积极投身到抗日洪流中。1940年10月，在陈毅、粟裕直接指挥下，新四军东进部队进驻南通、如皋、海门、启东，完成了挺进苏中的最后一站。这支东进新四军在党的领导下，支持建立抗日民主政权，推动抗日根据地建设，在江海大地谱写了全民抗日的新篇章。

　　苏中根据地的发展，严重威胁了京沪铁路、南京、上海等日伪统治核心地区。为实现"以战养战"的图谋，日伪于1942年12月1日，将"南通附近"列为"清乡"扩大地区，集结1.5万余人，矛头直指共产党领导的抗日军民。

　　1943年4月，日伪为了配合"军事清乡"，沿着"清乡"区的边沿，构筑起了数百公里的竹篱笆封锁线，这是由从江南运来的500多万根毛竹筑成。敌人视竹篱笆为"清乡"的法宝，不仅派了伪军保护，还沿线设置了150多个大、小检问所。出入的民众、货物都要检查、搜身。沿篱笆每隔三五里就建一个碉堡，禁止行人接近竹篱笆。如有违者，碉堡上的敌人开枪射击。篱笆沿边，还挖了宽3米、深2米的壕沟。

　　日伪妄图依靠这道封锁线，将我第四分区和其他地区割裂开来，在"清乡"区内彻底消灭新四军，扑灭长江咽喉地区的抗日烽火。借

烧竹篱笆绘画作品

助竹篱笆的封锁，敌人由"军事清乡"进入"政治清乡"。

这条害人的竹篱笆，不仅使新四军的活动受到了限制，同时也给苏中百姓带来了巨大的灾难。老百姓通过检问所，常常遭受到人身侮辱和敲诈勒索；有些群众为了种地、赶集而穿越或接近竹篱笆时，还常常遭到拷打，甚至被无理杀害。有当时的南通民谣为证："竹篱笆，硬分家，南边田，北边家，良田荒了没法种，种好的粮食吃不到它。"

日伪的暴行，点燃了苏中军民的怒火。为了打破敌人的封锁，苏中四地委发动群众，开展多次小规模的破拆行动。为了彻底打破敌人的封锁，四分区司令员陶勇与四地委书记姬鹏

反映火烧竹篱笆的美术作品

飞商议，决定组织全"清乡"区的群众"火烧竹篱笆"。

日伪于 1943 年的 5、6 月份，开始重点"清剿"海门、启东地区。此时，新四军正好可以来个"围魏救赵"，在封锁线上组织一次大破击，干净利落地消灭这道封锁线。

陶勇认为，火攻得选一个好天气。太阳晒上几天，竹子干干的，才烧得透。四分区把火烧竹篱笆的考虑电告粟裕，与粟裕不谋而合。粟裕觉得，烧几百里竹篱笆要同时行动，仅四分区兵力还不够，指示三分区协助四分区，听从陶勇的安排。

1943 年 6 月 29 日，陶勇起来看万里无云，找南通老农问这几天天气如何？老农说：我保证三天之内不落雨。陶勇立即找来参谋长张震东商定：7 月 1 日夜，全线行动，火烧竹篱笆！

7 月 1 日夜晚，繁星满天。300 里封锁线沿线埋伏聚集着民兵、自卫队员和农民，参加破袭的人员达四万余人。县独立团、区队和三分区的部队分段警戒，随时准备打击敢于出来袭扰的日伪军。陶勇指挥

苏中四分区反"清乡"斗争资料陈列馆内的粟裕题字"人民斗争的胜利"

四分区部队袭击问检所和敌伪军巡逻队，这些敌人人数不多，夜里遇袭，都逃回据点。

晚9点左右，300里竹篱笆上开始出现星星点点火光，继而变成团团火焰。不到一个小时，300里竹篱笆成了蜿蜒的巨大火龙。浓烟滚滚，沿线放火的民众欢呼雀跃，人声鼎沸。据点里日伪军见此景象，目瞪口呆，龟缩在碉堡里不敢妄动，眼睁睁地看着竹篱笆被大火烧光。

这一夜，苏中军民共破坏敌人的竹篱笆350多里，烧毁毛竹500多万根，使日伪惨淡经营了三个月之久的"竹笼"一夜之间被烧为灰烬，日军的封锁阴谋宣告破产。"火烧竹篱笆"的成功，打破了日伪所谓的强固封锁线，抗敌军民吹响了全面反"清乡"的号角。延安《解放日报》把这次战斗称为华中军民创造的"辉煌的英勇奇迹"。

苏中四分区军民于1944年10月，取得了反"清乡"斗争的决定性胜利，为抗战的最终胜利，以及南通的解放，奠定了坚实的基础。

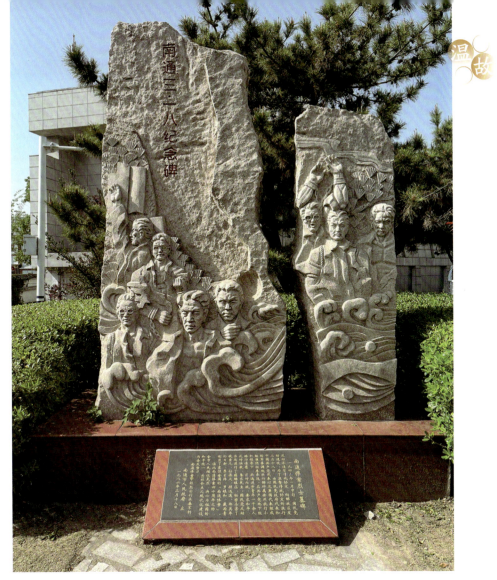

三·一八斗争纪念碑

三·一八斗争，撕破黎明前的黑暗

　　1946 年 3 月，春寒料峭。在共产党地下组织领导下，南通城的进步青年举行游行请愿：反对内战，要求和平；反对独裁，要求民主。国民党反动当局对此进行了残酷镇压，先后秘密杀害了顾迅逸、郑英年、孙日新、孙平天、季天择、戴西青、钱素凡、罗镇和等人，制造了震惊全国的"南通惨案"。

抗日战争胜利后，南通人民热切盼望着和平民主自由生活的早日到来。但是，就在国共双方下达的停战令生效后两天，即1946年1月15日，驻南通地区的国民党军队就违反停战协定，强占了我解放区白蒲镇。为了调处南通地区的军事冲突，军事调处执行部所属徐州执行小组决定前往南通。

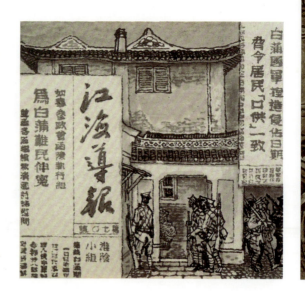

中共华中一地委向主管城市秘密工作的城工委发出指示："要警惕国民党反动派可能利用御用的群众团体，伪造民意，向执行小组的我方代表呼喊反动口号，提出反动要求。"南通城地下党进行了传达和布置，决定以欢迎执行小组的名义，组织游行示威，来表达南通人民要求和平、民主的真正民意，与国民党反动派开展针锋相对的斗争。当时南通一些进步学生、文艺团体和积极分子在地下党的领导下，决定利用3月18日欢迎执行小组的时机，组织群众请愿、游行和示威。为了统一斗争部署，在党的领导下，3月17日成立了南通文艺协会。

3月18日清早，文艺协会组织的游行队伍举着标语、唱着歌曲，一路行进到执行小组预计到达的大码头，在风雨中等待执行小组。从实验小学出发，一路上高举标语，高呼口号："要求和平、反对内战""要求民主，反对独裁""老百姓团结起来"。在游行过程中不断有人加入，到达大码头欢迎地点时，已有千余人。他们在寒风细雨中唱着："不怕风雨吹打，不怕肚子饿，坚持等待，等待不到不回家"。

执行小组直至下午5时多才到达南通城。欢迎的队伍准备向执行小组请愿，却被荷枪实弹的国民党反动军队阻挡。欢迎队伍怒不可遏

反映三·一八斗争的红色绘本《江城英魂》

地冲破障碍，聚集在执行小组住宿的桃之华旅馆前。经过艰难交涉后，孙平天等三人作为青年和学生的代表向执行小组递交了文艺协会公开信、南通学生建议书。

随后，队伍在返回的沿途，再次高呼要求和平民主口号，振奋全城，市民继续加入，汇成一支声势浩大的队伍，进行了一次在南通历史上前所未有的、以反内战为中心的示威游行。

3月19日下午，文协在女子师范学校（现南通师范学校第二附属小学）召开茶话会，由于国民党反动派的阻挠，执行小组成员一个也未能出席。后经反复交涉，才同意随执行小组来通的新华社记者吴青、樊发源出席会议。

南通进步青年的斗争，揭露了反动派的罪恶阴谋，显示了人民的力量。国民党特务组织对参与游行请愿活动的为首人物和活跃分子进行监视、盯梢，进而实施大规模的逮捕和屠杀，8位青年相继遇害。3月23日晚，顾迅逸、郑英年、孙日新三人在回家的路上被预伏的特务秘密逮捕，被残害后丢入长江。此后至4月5日，孙平天、季天择、罗镇河、钱素凡、戴西青相继被捕遇害。

"南通惨案"震惊全国。南通惨案发生后，从解放区到国统区许多报纸纷纷揭露和斥责反动派的暴行，声援坚持斗争的人民。延安《解放日报》以"南通发生大惨案"为大字标题发表了社论，重庆《新华日报》发表了《人民自由权利在哪里》的社论，上海《文汇报》发表社论，要求"彻查南通惨案"。

周恩来同志曾两次在公开声明中提到南通惨案，指出，南通血案等事件，"完全赤裸裸的暴露了国民党特务残暴的法西斯本质，采用了最卑劣的手段来镇压和平民主运动及其代表人物"。

苏北解放区纷纷建立惨案后援会，支持南通青年的斗争。上海知名人士马叙伦、郑振铎、周建人、许广平、章乃器、赵丹等和各地大学生，以及南通旅沪人士，愤然声讨国民党当局的罪行。中共上海秘密组织对去上海的南通进步青年给予支持。全国各地的抗议、声援之声，汇成全国人民要求和平民主的巨大洪流，形成以国统区声援南通人民抗议特务暴行为特点的爱国民主运动的又一浪潮。

南通人民的"三·一八"斗争鼓舞了全国人民，如一道闪电划破了黎明前的黑暗，让全国人民认清了国民党反动派的法西斯面目。这场斗争直接推动了上海的和平民主运动，为反对国民党反动派的第二条战线的形成起了重要的催化作用。

在"三·一八"斗争中，南通革命青年，为国家和民族的前途命运奔走呼号，甚至献出了宝贵生命，南通人民永远铭记着他们。中华人民共和国成立后，人民政府追认南通惨案中牺牲的8位青年为革命烈士。南通青年把每年的3月18日作为斗争的纪念日，进行革命传统教育，开展纪念活动。

南通解放（国画）

南通解放：红旗插上钟楼最高处

天亮了！解放了！1949年2月2日，是一座千年古城永志难忘的一天，随着一面鲜艳的红旗升上南通城中心十字街钟楼顶端，南通全境宣告解放。

七十二年后的春天，亲历南通解放的市委原副书记李明勋依然清晰地记得当时满城喜悦的情景。李老情不自禁地哼起了当时传遍南通全城的歌曲：解放区的天，是明朗的天。

当年17岁的李明勋，是《江海报》兼新华九支社的工作人员，他们作为华中九分区第二批进城人员进驻南通城时，胜利的红旗已飘扬在钟楼顶上。

101

　　李明勋一行人带着电台驻扎在公园桥北侧的濠河畔，作为《南通日报》前身《江海报》的采编队伍，到达南通后第一时间要将电台天线架设起来以便收发电讯。架设天线需要毛竹，李明勋前往当时的市政府办公地点钟楼寻求帮助。

　　"市政府秘书处派了一位秘书前来处理，我上前一看，竟然是我的父亲！"李明勋动情地回忆起当时父子意外相聚的场面。李明勋的父亲李志刚，是进军南通城的第一批人员。一个革命家庭的父子二人，因南通解放而"胜利会师"，在当时的革命队伍中传为佳话。而李明勋不久即随部队参加渡江战役，父子匆匆一聚又各奔不同战场。

　　1949年农历春节前后，虽春寒料峭，但一股暖意渐渐逼近。淮海战役胜利后，在南通城的国民党残余势力，相继开始向南向东逃窜。周围的广大村镇早已成为人民的天下，"农村包围城市"的态势在南通地区尤为凸显。1月下旬，海安镇、如皋城、汇龙镇、金沙镇、茅镇次第解放。随着炮火声在南通城周边响起，这座古城的人民已经做好了迎接胜利的准备。

　　解放战争中，华中九分区部队在南通地区进行了数百场拉锯战。淮海战役激战正酣时，九分区在短短一个多月的时间里，将四个主力团输送给了野战军，参加了围歼黄百韬兵团等硬战。正如著名的独臂将军、九分区副司令员彭寿生所说，"这是九分区为中国革命所做出的贡献，也是我们南通人民的光荣"。

　　1月31日，经过外围战斗，九分区司令部指挥所移驻三圩头，分区副参谋长施亚夫率领通如支队和南通警卫团直插南通城北的北土山。分区当天获得情报，南通守军国民党146师、308师有从天生港逃往江南的迹象。彭寿生立刻带领部队从青龙港向南通进军。2月1日夜，先导部队就已经到达狼山，在南通城东南陆洪闸一带布置炮兵，以东西两路钳击的方式，为南通解放做好了最后准备。

　　2月2日（农历大年初五），施亚夫率先头部队迈过东门吊桥入城。街道两旁，鞭炮齐鸣，锣鼓声不绝。与此同时，彭寿生带部队抵达天生港，确保了电厂和大生一厂安全后，在张震东司令员率领下挥师进城，从茶庵殿向市中心进发，沿途市民夹道欢迎，向人民子弟兵致敬。

两路大军在钟楼前会师。南通钟楼及谯楼为南通地标性建筑，也是原国民党县政府所在地。彭寿生在回忆文章中写道，当时顾不上喝水，就带领警卫排战士们登上钟楼。警卫员王新华高举红旗，在空中呼啦啦舞了几下，然后把红旗插上了钟楼。那个时刻，钟楼前响起了市民的阵阵欢呼声。久经沧桑的南通城终于回到了人民的怀抱。

为了胜利的这一天，南通人民付出了巨大的牺牲，在中国共产党领导下，历经了二十多年的浴血奋战，有两万多革命先烈献出了宝贵的生命。土地革命时期，江苏境内唯一正规的革命武装中国工农红军第十四军在江海大地高举武装斗争的旗帜。抗日战争中，南通人民积极参加新四军的武装斗争和群众性游击战争，支持抗日根据地和抗日民主政权建设，以火烧竹篱笆为代表的反"清乡"斗争，彻底粉碎了日伪的图谋。

彭寿生（中）在南通解放庆祝大会上

抗战胜利后，在国家前途命运面临选择的关头，南通人民坚定跟着共产党走，坚持和平民主，反对专政独裁。南通的"三·一八"斗争像一道闪电划破了长空，让人们彻底看清了国民党反动统治的黑暗。对于国民党发动的内战，南通人民支持人民子弟兵以实际行动予以回击。苏中七战七捷，粟裕将军指挥部队以少胜多，以弱胜强，创造了战争史上的奇迹。在波澜壮阔的淮海战役中，南通人民功不可没。陈毅元帅有句名言，"淮海战役的胜利，是人民群众用小车推出来的"。而这其中，作为革命老区的南通，在支前运动中做出了巨大的人力物力贡献。

解放前夕，当时南通城里的地下党负责人经常前往解放区，和分区领导商讨南通解放事宜。在九分区的建议和支持下，南通城内电厂、大生纱厂等重要设施及重点地段，均秘密成立了护厂队等地下力量，为南通解放做好了各种准备。为了让南通城的解放及各方面早日恢复，九分区接收队伍做了充分的准备。接受队伍的人员构成，就主要由本地干部组成。

当时的九地委和分区有一个明确的指导思想，一定要保护好南通这座工业城市，要尽量避免与蒋军在市区作战，不让工厂和城市各种设施遭到战火的破坏。因为南通城解放前的周密准备，解放之后城市各项工作迅速步入正轨，为南通经济社会的恢复发展打下了坚实基础。

就在人民军队进军南通城的同时，华中军区派叶胥朝乘坐"机器快船"，从东台赶往南通。1949年2月4日，南通市人民政府成立，叶胥朝任市长，副市长为邹强。

新建立的南通市辖南通城、唐闸、天生港、陆洪闸、狼山一带地区，人口158000多人。面对解放初期的复杂形势和种种困难，新生的革命政权不失时机地将工作重点由农村转向城市，根据党的城市政策和上级的有关指示，迅速展开了接管城市的工作。通过民主政权建设、稳定社会秩序、辅助工商贸易、发展农业生产、加强金融管理、振兴学校教育等多方面的有效举措，一座新兴的南通城屹立于长江北岸。

南通早于开国大典前七八个月解放，对向全国进军的进程起到应有的推动作用。随着南通的解放，国民党反动派在江北的残余力量被肃清，而南通保持较好的工农业基础给随后的渡江战役予以有力支持。

南通城一解放，为了即将开展的渡江战役，在平潮地区成立了各种学习班，专门培训干部群众涉及渡江战役的相关事宜。

1949年4月21日，毛主席和朱总司令发布"向全国进军"的命令，"百万雄师过大江"的渡江战役全面展开。南通人民积极响应"将革命进行到底"的伟大号召，支前热情空前高涨。

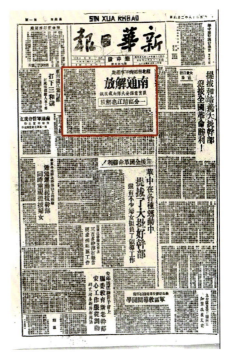

新华日报报道南通解放

南通成为渡江战役的一个战略支点，为全国解放做出了积极贡献。据统计，南通地区（海安、如皋两地的数字不包括在内），直接参加渡江战役的船就有190条，载重3万多担，船工780余人。参加内河运输的船只2291艘，载重量16万多担，船工9164人。

在渡江战役中，南通地区共组织民工5.2万余人，独轮小车4700部，其中随军渡江的民工就有3.2万余人，部分民工随军远征到福建等地，数月后才胜利归来。

1949年10月1日，中华人民共和国中央人民政府宣告成立，南通人民连日举行欢庆活动，喜庆开国大典。10月2日，南通市各界冒雨举行升旗仪式。鲜艳的五星红旗，高高飘扬在南通城的上空。

抗美援朝，南通市民捐出十五架战斗机

　　2021 年 6 月 30 日，在"党旗耀江海"大型主题文艺晚会上，一出反映南通人民全力支持抗美援朝的小话剧《最可爱的人》，以感人的细节深深打动了观众。看到动情处，有的观众眼角泛起了泪花。

　　话剧真实再现了在抗美援朝战争期间，南通各界群众响应党中央号召，踊跃为志愿军捐钱捐物的历史瞬间。在这场捐献运动中，南通广大市民倾囊而出，全市累计捐献了可购 15 架战斗机价值的民力财富。

　　该剧的导演季杰说，在创作过程中，编剧张涢专门去市档案馆查阅了当时的史料，主要是 1950~1951 年《江海报》，该报即南通日报的

小话剧《最可爱的人》

南通人民欢迎志愿军归国

　　前身。剧组从中提取出不少真实动人的故事，将其搬上了舞台。话剧中的场景、人物，他们的行为都是有历史原型的。

　　翻阅当时的史料，从1951年6月1日开始，南通人民热烈响应中国抗美援朝总会发出的"六一号召"，从人力、物力、财力等方方面面为前线提供坚实的保障。大生一厂、大生三厂、电厂等工厂签订了劳资增产捐献合同；学生们尽量节约零用钱，积极捐款；炎炎烈日下，妇女们坚持义务抬砖瓦，并捐献出她们一直珍藏着的手镯、戒指等心爱的饰物；通成造纸厂的劳模李治香发明了价值400万元的机器，全部用于捐款……透过尘封已久的档案，我们看到的是南通人民一颗颗滚烫的爱国心。

　　根据1951年国庆节前的初步统计，南通有10万多人参加了爱国公约运动，约占当时市区人口的百分之五六十。在南通城，学校的各个班级，居民的每个家庭，工厂中的每个车间，街区的每个商店，都投身到行动中。通过爱国公约的形式，南通各界人民把自己的爱国思想与实际行动结合起来，将爱国热情变为巨大的力量。

1951年10月，一批中国人民志愿军荣誉军人抵通，南通市召开专门会议进行部署，确保欢迎荣军工作的顺利开展。

10日下午4时，各单位准备就绪，在各自的欢迎地点等待第一批队伍的到来。从大码头至城东的南通高级农业职业学校，全城欢腾，人山人海。南通市民有的手执小红旗，有的手持标语，有的提着灯笼为天黑做好准备。每个人的脸上都洋溢着热情笑容，对"最可爱的人"充满敬意。

在两万多名南通各界市民的热烈欢迎下，这些刚从朝鲜战场浴血归来的志愿军将士，感受到祖国人民的温暖，他们精神抖擞，一路向南前行。行至更俗剧场，一场充满南通特色的花鼓表演，将现场气氛变得格外活跃。

冬季来临，南通妇女又积极为志愿军战士缝洗衣被、赠送棉鞋。伟大的抗美援朝精神，在这座城市中进一步传承发扬。

14万民工，挑出一个九圩港

　　驱车至城北的九圩港闸，只见年逾花甲的闸桥依旧英姿勃发，不远处，新建的九圩港大桥上车水马龙。目睹当年九圩港工程建设的老人，还记得1958年那个令人难忘的秋冬，14万民工在此施工奋战的沸腾场面。

　　中华人民共和国成立后，江海大地发生了翻天覆地的变化。1954~1960年间，南通辟地开河，防洪抗旱，开挖了7条引江干河，其中规模最大的工程是九圩港。

　　据《南通市报》（《南通日报》前身）记载，在新中国成立后第一个十年的社会主义建设中，南通市先后组织实施了四个重点工程：南通老城区下水道工程，南通市劳动人民文化宫工程，南通和平路（今人民路）建设工程，九圩港工程。其中，九圩港工程规模最大、组织程度最高、影响最为深远。

九圩港水利枢纽工程老照片

九圩港原系明隆庆元年（1567 年）涨沙形成的小港，九曲十八弯，又狭又浅，因其偏僻荒凉，被戏称为南通市区的"西伯利亚"。

九圩港是一个系统工程，它主要包括两个部分，即九圩港大闸和九圩港大河。在江海平原治水的实践中，九圩港的建设代表着治水思路的一次划时代转折。此前，南通人靠江却怕江，农业灌溉用水"舍近求远"，取自千里之外的淮河，守着近在咫尺的长江，眼看着"滚滚长江东逝水"，遇旱不能灌，遇涝不能排。大兴水利，大办农业，向长江要水，成了南通人民的迫切要求。

九圩港大河是一条人工开凿的运河，它南起长江，东入黄海，途经南通市崇川区、通州区、如东县，全长 46.6 公里，最宽处约 300 余米，最窄处不足 100 米，是南通境内最重要的一条人工运河。

九圩港水利枢纽新景象

　　在南通地委、地区行署和南通市委、市政府组织下，来自南通、如东、如皋、海门、启东五县的14万民工为河而战，在缺少机械化的年代，全靠手挖肩挑人工作业。

　　那是一个激情燃烧的年代。在九圩港工地会战时，红旗招展，每隔十多米就有一个大喇叭，播放着《解放区的天》《没有共产党就没有新中国》等激动人心的歌曲。为了加快速度，工地上成立了各种竞赛组，看谁挑得多，完成任务快。有打油诗为证："呼啦啦红旗正飞扬，颤悠悠扁担起波浪。喊声四起跑得快，队队组组竞赛忙。"

　　做塘闸（即九圩港大闸）是九圩港最危险的工程。大堤外就是长江，闸处的河最深最宽，开挖难度最大。这里不分昼夜轮班作业。白天工地上是黑压压的人群，到夜里用汽油灯照明，夜班接着白班干。两人

111

九圩港船闸船舶、货物通过量持续增长

一组，一个推一个拉，一天要拉 40 多车。从二三百米的河底，再爬上十几米高的泥堆，到处是你追我赶的火热场面。

经过 550 多个日日夜夜的艰苦奋斗，九圩港终于修成了。最初的九圩港大闸有 40 个闸门，每孔 5 米，可引可排。在引水时，每秒引水 1540 立方米；在排水时，每秒排水 1900 立方米。此后，在南侧的老船闸又新建了大船闸。

1959 年 6 月 7 日，《南通市报》头版头条以套红标题"辛苦流淌一冬春　幸福水流千万年"报道了九圩港大闸大河建成放水的盛况。报眼刊登了套红标语："向胜利建成九圩港大闸和九圩港大河的全体同志致敬！"当天的报道还配以大幅新闻特写《九圩港大闸》。

江海平原第一大闸——九圩港闸，以及九圩港河建成了！它接通如泰运河，伸向江海平原深处。这是南通引江灌溉的大动脉，灌溉着如东、如皋、南通、海安四地约 345 万亩的农田。

九圩港建成当年，正逢大旱，九圩港大闸开闸引水，保住了棉花、水稻的正常生长。第二年又遇水灾，九圩港大闸开闸排水，保住了农田不淹。老百姓们传唱着一首动人的民谣："看到稻子黄，想起九圩港。吃到白米饭，不忘共产党。"

江苏省人大常委会秘书长、江苏省水利厅原厅长吕振霖在评价九圩港工程时说："正是在那个年代里，一大批水利前辈人的艰苦奋斗，奠定了今天水利现代化的基础。我们不能忘记他们。"

九圩港工程给南通带来了三大收获：

其一，它收获了一座惠民工程、民心工程。这使江海平原上约345万亩农田成为旱涝保收的良田，让崇川区成为名副其实的崇川福地。

其二，它锻造出"特别能吃苦、特别能战斗、特别能奉献"的工程建设队伍。这支队伍后来走出南通，转战雪域高原、北国油城、天山南北、京沪重镇，在收获120多项鲁班奖的同时赢得了"南通铁军"的称号。

其三，两位文艺工作者孙大翔和杨谷风以九圩港建设为创作原型，先后创作了四幕七场话剧《老八路》和七场越剧《老八路》，用兴修水利的核心剧情，串联起老八路曾卫民艰苦奋斗一心为民的故事，展现了创业初期的"南通铁军"的精神风貌，获得了党和国家领导人周恩来、朱德、陈毅的赞扬。

南通力王：花开江海第一枝

加藤纪生（左二）在车间检查生产情况

　　1980 年 6 月，38 岁的日本人加藤纪生首次踏上中国的土地。在此之前，他没有听说过南通这座城市的名字。而他这一来，就是四十多年。持有中国"绿卡"的加藤纪生曾在崇川区居住过很长时间，直到最近才回日本养老。他是江苏首家中外合资企业南通力王有限公司的第一任总经理，还是江苏省"五一劳动荣誉奖章"获得者、南通市荣誉市民。

　　改革开放四十周年时，加藤纪生写过一首《感怀在通三十八载》，诗中写道，"南通宝地展事业，通力合作结硕果"。目前，年过八旬的加藤纪生，仍满怀激情为南通的对外经济合作现身说法、牵线搭桥。

关于南通力王公司的档案

党的十一届三中全会之后，改革开放的春风吹拂着中国大地，坐落于江海之滨的南通打开门户，迎接新的发展机遇和挑战，位于"扬子第一窗口"的崇川区因此搭上了对外开放的头班车。

"因为改革开放，我来到南通。"加藤纪生说，1978年中国实行改革开放，"消息传到日本，震动整个工商界"。1979年7月，《中外合资经营企业法》破茧而出，日本力王株式会社萌生了来中国内地投资设厂的想法。

1980年，加藤纪生跟随日本国际贸易促进协会、日本力王株式会社来南通考察。在中国国际信任投资公司、江苏省政府的推荐下，日本力王考察了多个城市，几经比较，最终选择了南通。加藤纪生记得，当时在南通买个馒头都要排队、还要凭粮票，去上海坐船要8个小时。但是，他们已经感觉到了中国的发展前景和这座城市的巨大潜力。

"日本力王主要生产劳动保护鞋（当时的翻译叫'水袜子'），它的经营策略是在劳动成本相对较低的地方投资设厂，产品返销日本。"

加藤纪生介绍，日本力王先后在一些国家和地区办厂，由于当地成本上涨，产业亟须转移。"我们看中南通，一方面是南通濒江临海，产品运回日本比较方便，另外还有一个原因，南通是纺织之乡，方便企业就地取材。"

南通力王的落地，首先要经过层层审批。1981年，南通还不是沿海开放城市，不具备自主审批中外合资企业的职权。因此，南通力王项目需要省级主管部门批准。而当时的省级部门，同样是"摸着石头过河"。《关于中日合资经营"中国南通力王有限公司"的批复》，抄报单位从国家到省级有5个，抄送单位多达38个。"一道道手续，一个个部门审查，每个部门、单位都有决定权"。历经曲折不放弃，南通硬是"闯"过了一道道关口。

1981年12月1日，南通力王公司签字成立；1982年，公司破土动工；1983年2月17日，公司开工投产，成为江苏首家开业的中外合资企业。按照日本力王在海外投资的经验，原本预计南通力王第一年可能会亏损。谁知，南通力王当年就实现盈利，两年半就收回了全部投资。

南通力王的成功，轰动一时。当年，参观者从全国各地赶来。力王奇迹，也引起了国家层面的关注，成为我国改革开放初期中小企业合资的典范。时任国务院副总理谷牧等党和国家领导人先后来南通考察。加藤纪生还受当时国家经委邀请，在首届全国外商投资企业经营管理研讨会上介绍经验。

力王公司在南通大获成功后，随着产业的梯度转移，离开了南通。但更多、产业能级更高的外资企业纷至沓来，南通从江海一隅迈向了更广阔的世界舞台。加藤纪生也选择了留在南通。凭借其优秀的管理能力，以及对中日两国国情的了解，加藤纪生成为南通的招商大使、众多企业争邀的总经理。在他的推介下，先后有20多家外资企业在南通投资获得成功。

南通力王的创新实践，是南通改革开放进程的一个缩影。1981年11月16日，新华社《国内动态清样》报道，南通市（市区）工业经济效益跃居全国前列（调研所涉工业经济材料来自今崇川区）。随后，中央领导做出批示，新华社、《人民日报》、中央电视台、中央人民广播电台等全国各大媒体都做了重点报道。

1982 年初，全国人大常委会决定，南通港对外籍船舶开放。1983年 5 月，"格陵兰海"号外籍远洋货轮成功首航南通狼山港。1983 年 7 月，国务院批准南通市对外国人开放。

1984 年 4 月 6 日，南通市被国务院列为全国首批进一步对外开放的 14 个沿海港口城市之一。当时首批开放的港口、泊位、口岸均在崇川区境内。千年古邑崇川，从此真正走向世界。

四十年后抚今追昔，加藤纪生感慨不已，刚到中国时，"我们根本不知道还有南通这样一个城市"。改革开放初期，到南通来投资的大多是日本中小企业；20 世纪 90 年代起，东丽、帝人、川崎重工、王子造纸等一批日资巨头相继落户南通。如今，国际著名跨国公司在通投资早已不是新闻。

手绘濠河景色

濠河整治：让城市"母亲河"芳华永驻

　　有这么一条河，静静地流淌了千年之久，她仿佛母亲的双臂温柔地环绕着南通城，用无言的守候滋养着一代代江海儿女。她书写了悠久的历史文化，见证了城市的沧桑巨变。这就是被称为南通城市"母亲河"——濠河。

　　濠河是一条自然形成和人工构建相结合的护城河。后周显德五年（958年），后周军民"筑壤而高土，凿地而深池"，形成内河沿齐平、外河沿任意的护城河。从那时起，濠河便融入了这座城市民众的生活，十里城濠，护城佑民。

枕河而居，是一种古老的浪漫。千年以降，濠河却已不堪重负，"母亲河"的容颜日渐苍老憔悴。

20世纪后期，随着沿线工商企业和居民人口激增，濠河每天承担数万吨工业、生活废水的侵蚀和污染。河边流传着一个顺口溜："五十年代淘米洗菜，六十年代用水灌溉，七十年代鱼虾绝代，八十年代洗不尽马桶盖。"治理濠河，成为全市人民的迫切愿望。

1981年，南通市人民政府决定，建立南通市濠河整治委员会。时任市长朱剑担任主任，濠河整治委员会精心制定了《濠河十年整治规划》。在此后的数十年间，濠河整治成为南通市政府手中的"接力棒工程"，历任市政府紧紧围绕"公共、利民、生态"原则，坚持生态做加法，建设做减法，累计投入50余亿元对濠河水质进行了根本性的整治，濠河两岸先后搬迁和关闭了56家工业生产型企业。被搬迁企业中，包括南通晶体管厂、南通制药厂等高科技、高利税企业。与此同时，市政部门铺设了20多公里长的环濠河排污主管道，对周边350个排污口实行严格控制和截流，迁移了12个粪便中转站，13万平方米的违章建筑。开展濠河全水域清淤，清淤量达22万立方米；种植了4万平方米水生植物，并在濠河周边先后建造了濠东绿苑、环西文化广场、体育公园等近百处游园绿地。经过系统规划，分步实施，如今的濠河，波光粼粼，水清鱼跃，已成为南通旅游一张响当当的名片，每年接待中外游客近800万人次。

一分耕耘，一分收获。濠河综合整治与历史风貌保护荣获中国人居环境范例奖。濠河亮化工程获得了中国市政工程最高奖"金杯奖"。以中国文博第一馆南通博物苑为龙头，南通纺织博物馆、中国珠算博

濠河：碧波之中赛龙舟

物馆、中国审计博物馆、中国体育博物馆南通馆、中国南通蓝印花布博物馆、个簃艺术馆、沈寿艺术馆等一批博物馆、艺术馆共同形成了环濠河博物馆群。"城在水中坐，人在画里游"，成了当下千年濠河的生动写照。

2018 年以来，南通市开展了新一轮濠河及沿岸整治提升，主要围绕"步道成环，活水畅流，水景通透，绿意盎然，街景靓丽，路网通畅，街区更新，文旅相融"等八个方面，努力将其打造成为"南通历史文化的最美窗口，市民休闲生活的最佳去处，城市精细管理的最好样板"。历经新一轮整治提升，濠河面貌焕然一新。

濠河八景墙绘

2012年1月，濠河景区升级为国家5A级旅游景区。目前是南通唯一的国家5A级旅游景区。

2016年12月，《南通市濠河风景名胜区条例》经江苏省人大常委会审查批准后正式实施。这是南通市获得地方立法权之后制定的第一部实体性地方法规。

2021年6月，我国第一部护城河志《濠河志》举行首发式，填补了国内方志领域的一项空白。

如今的濠河，已经成为南通的生态绿核。濠河综合整治的经验，在南通沿江沿海绿色生态景观带建设中获得了复制和提升。让人来了不想走，走了还在梦中留，这是千年濠河在新时代带给人们的真实印象。

薪火传承，托起新时代教育之乡

张謇创办的通州师范学校校门

　　"全国教育看江苏，江苏教育看南通。"这是目前国内公认的对南通教育的评价。而在各种自媒体中，南通教育更是成为一种神奇的存在，有人将南通称为"学霸之城"，有人说"没有刷过南通密卷的人生是不完整的"。

　　南通确实是有底气被称为"教育之乡"的。截至2022年，南通高考连续二十余年位居全省前列，高考本科率和一本率领先全省第二名十个百分点以上。全省义务教育阶段三年级、八年级学生学业质量监测，各学科均位列全省第一。"南通教育"成为"江苏人最喜爱的品牌"

之一，积淀为"崇文重教，敢为人先，强师固本，区域共进，人才辈出"的鲜明特色。

"教育之乡"的底蕴来自千年传承，南通自古兴学之风浓厚。北宋时期，南通如皋安定先生胡瑗开创"苏湖教法"，开启一代教育新风。胡瑗说："致天下之治者在人才，成天下之才者在教化，教化之所本者在学校。"南通人对学校基础教育的孜孜以求，从那时起就埋下了种子。

20 世纪初，以张謇为代表的一批早期现代化先驱，秉持"父教育，母实业"的理念，在南通创办了全国第一所独立设置的师范学校，以及纺织学校、农业学校、戏剧学校、刺绣学校、聋哑学校等一大批具有现代意义的学校，使南通以"模范县"脱颖而出，被外国友人赞为"理想的文化城市"。

张謇于 1902 年创办的南通师范学校，是中国师范教育的三大源头之一，也是中国第一所独立设置的师范学校。张謇创办师范教育绝非出自偶然，而是来自其深入思考后形成的思想体系支撑。20 世纪伊始，国内倡言兴学者提出，办教育必须首先创办大学堂。张謇则认为，要普及整个民族的文化素质，办新式教育必须以小学为根基，而要办小学，必须通过创办师范学校来培养师资。因此，张謇明确提出了"兴学之本，惟有师范"的主张。

1902 年春，张謇应两江总督刘坤一的邀请，赴江宁与友人罗振玉讨论兴学的次序，形成了从师范学校办起的共识。但是，一些陈腐官僚对此横加非议，刘坤一也举棋不定。失望之下，张謇决定回通州自办师范学校。

有了师范做基础，张謇开始实施在南通建设初等小学 600 座的宏伟计划。从 1904 年在自己的家乡创办常乐第一初等小学开始，到 1926 年筹办最后一所小学扶海小学止，张謇一生创办的中小学近 350 所，南通的基础教育得以快速发展。

据统计，1916 年江苏省入学儿童占学龄儿童的 13.36%，这在当时的中国已经算不错了；而南通地区从 1903~1920 年入学儿童占学龄儿童的 32%，远远超出了江苏的平均水平，并领跑全国。时至今日，南通

南通教育界"二李"：李吉林、李庾南

的基础教育享誉全国，与张謇时代就扎下良好根基密切相关。

政治家、思想家梁启超说："南通教育会和教育体制是我国教育界中之先进者，他们价值之高、影响之大，国人共知。"1920年6月，美国哲学家、教育家杜威实地考察南通后，赞叹曰："南通者，教育之源泉，吾尤望其成为世界教育之中心也。"

一百多年来，南通教育薪火相传，文脉不断，创造了持续发展、高位走强的辉煌成就，让南通"教育之乡"的金字招牌越擦越亮。

20世纪90年代以来，南通基础教育质量一直保持全省乃至全国领先地位。进入新世纪，南通先后承担国家教育体制改革试点10余项。2014、2018两届国家级教学成果评选，南通教师24项成果获奖。李吉林"情境教育实践探索与理论研究"荣获特等奖第一名。李吉林是国内情境教育创始人，直到生命的最后一刻仍然在惦记着南通的孩子们。李庾南是全国著名中学数学特级教师，年过八旬仍坚守在三尺讲台。

李吉林、李庾南，都是南通教育界的骄傲。一座城市，有两位国内基础教育界人尽皆知的"李老师"，实乃是南通教育的幸事。而华应龙、贲友林等名师，更如雨后春笋般，一茬一茬、源源不断地被培养出来。

只有源头有活水，才能培养好名师。在南通人看来，本地优秀的初高中毕业生能否填报师范学校，对南通教师队伍建设而言，是关键一环。每年中高考完，对于南通各初三、高三的班主任来说，工作还没有结束，因为他们几乎要到访优秀学生的家，动员他们填报师范院校志愿，期待优秀学子成为教师、成为他们的同事。

1984年，各地实施三年制师范的时候，南通首创五年一贯制师范教育，"中等师范学校"培养"大专生"。2007年，南通在全国地级市中率先开展五年制师范定向生培养工作，从应届初中毕业生中招收优质生源，实施精细培养，蓄水优质师资。2015年，南通正式实施高中起点的乡村教师定向培养工作，采取多种方式定向培养"一专多能"的乡村教师。2021年，南通师范高等专科学校和南通大学等项目承担学校，通过五年专科和两年本科阶段整体设计、分段考核、有机衔接的方式，培养初中起点七年贯通培养师范定向生试点，开启了江苏乡村教师定向培养的新征程。

为了培养好这些好苗子，"全科化培养""成立南通市教师发展学院"成为南通教育教师培养的一对王牌。而这些的努力，成就南通70%至80%的教师是本土生源、本土培养，创造了多年来南通基础教育的师资质量优势。

教师有了，但怎么教，却不能随性发展。在南通，不仅教师队伍稳定，重视教研，科学教研，成为南通教育发展的另一个抓手。用南通教育界人士的话来说："在南通，教研是教育第一生产力。"

二十多年前，南通即启动了"一十百"教科研工程，扎扎实实地培养一千名科研骨干，带动十万名南通教师，培养好一百万名南通学生。全市中小学实现市级教科研课题全覆盖，申报省级课题立项率、结题率居全省第一。仅2014年，南通教师就有9项成果荣获国家级教学成果奖，为全国地级市仅有。

在南通，教师科研、教育科研可谓"覆盖全体又顶天立地"，不仅

袁运甫为母校南通中学创作的壁画《永恒的纪念》

激活了教师自身的内驱力，带来了教师队伍的均衡；同时，也带来了各县市、各学校的优质教学水平的均衡。

南通是全国首批义务教育发展基本均衡的地级市，全国"双减"政策首批试点城市。在南通，没有"一校独大，余者平平"的现象，大家携手共进，协同发展。各美其美，美美与共，成为南通教育的生动写照。让人人享有高质量教育，是打造南通基础教育新高地的重要抓手，也是建设新时代"教育之乡"的根本要求。

地铁时代：崇川再添活力引擎

2022年11月10日8时，南通城市轨道交通1号线通车，是江苏省第六座开通地铁的城市。崇川大地的交通从此进入了地铁时代。

2023年12月27日，南通城市轨道交通2号线正式通车，南通地铁迈入"双线换乘时代"。2号线的起始站分别为先锋站和幸福站，被市民称为"起于先锋，驶向幸福"。

作为南通的中心城区，在城市轨道交通1号线建设过程中，崇川区是当之无愧的主战场；在建成运行后，崇川区也成为1号线客流最活跃的主阵地。1号线全长近40公里，在崇川区境内的全度超过35公里。1号线设站28站，其中在崇川区就有26站。

对一座现代城市而言，地铁的通车意味着城市交通方式的重大转型，即从"让车动起来"变为"让人动起来"。

从总体看，在全国43座"地铁城市"中，1号线不约而同具有一个共同特点：与城市最主要的客流走向相一致。受长江岸线的影响，南通城市建成区目前拥有两个主要出入口：城市西北方向的沪苏通长江大桥和东南方向的苏通长江大桥。因此，南通的轨道交通1号线在崇川区境内的走向也是西北－东南。

从历史看，南通是一座因为通而诞生的城市。因通而生的特点在崇川福地表现格外突出。后周显德五周（958年）筑城，命名通州，"州之东北，海通辽海诸夷；西南，江通吴越楚蜀；内，渠通齐鲁燕冀。故名通州"。最早所筑通州城就在今崇川区境内。

在近代，张謇先生经营南通，他将唐闸作为工业区，将天生港作为港口区，把狼山作为花园和风景区，构成了以老城区为中心的"一城三镇，城乡相间"的城市组团布局和空间布局。这种布局堪比当时

南通地铁 1 号线开通

的英国人霍华德"花园城市"的先进理念，也对组团间交通提出了颇高的要求。张謇先生解决的办法是水陆并重，既利用通扬运河、濠河、港闸河适应大运量、低成本要求，又修建了港闸路、城港路、城山路满足快速、便捷的要求。

随着城市的转型，在崇川的土地上形成了"五环十四射"的主干道体系；在城市进一步升级中，崇川的交通形成了"一环·轴多射"，高架路为主的城市快速路网迅速形成，10 分钟上高架，20 分钟上高速，区内 30 钟通勤。随着城市能级的提升，崇川老百姓的出行迫切需要一种全天候、大运量、便捷、准点、亲民的交通方式。

2017 年 12 月 18 日，南通城市轨道交通 1 号线开工。在此后的四年又十个月时间里，崇川区为地铁时代的到来做出了重要贡献。

素有"大国重器"之称的盾构是地铁施工的主力，通过城东街道的招引，铁建重工南通公司落户崇川经济技术开发区，在 1 号线的建设中，这家企业生产了 18 台盾构机，这种土压平衡盾构机特别适合在南通所在的富水砂层施工。管片是地铁隧道拼装的重要构件，1 号线大约需要5 万多环管片，位于崇川区南部的南通铁建构件公司为地铁 1 号线提供

市民试乘地铁

了三分之二的管片；位于崇川区北部的南通航宇结构件公司通过与上海隧道合作，为1号线提供了三分之一的管片。此后，两家企业的关键构件分别用于中俄东线天然气管道长江盾构穿越工程和苏通GIL特高压综合管廊的长江穿越工程。

地铁1号线贯通后，在崇川区境内，串起了城闸组团、濠河组团、新区组团、科技园区组团、开发区组团。新的崇川依旧保持着被载入《中国大百科全书》的城乡相间组团结构，在结构形态依旧的情况下，组团之间的联系更加密切，交通能级和提升为城市能级与产业能级的提升奠定了基础。

为致敬先贤，南通地铁1、2号线全线站名墙均采用张謇书法字体。地铁1号线开通之后不久，有一个场景引人瞩目。张謇的嫡孙、94岁的全国工商联原常务副主席张绪武来到友谊桥站，在巨幅浮雕作品《先贤伟业》前驻足观看。交运通达，是浮雕所表现的张謇先生毕生功业之一。"祖父的梦想终于实现了"！面对飞驰而来的地铁时代，张绪武激动不已。

八龙过江：南通好通不是梦

摄影爱好者在拍摄沪苏通大桥"金光穿桥"美景

对南通而言，"通"是一个传承千年的梦想。

自从公元958年，这座新诞生的城市被命名为"通州"起，"通"就是她的地理标志，取的是"据江海之会、扼南北之喉"，连接吴楚、四方通达之意。但是，一条长江天堑，让南通"南不通"成为千古的痛点。

大江的对面，有中国的经济中心、长三角龙头城市上海；有自古繁华之地、如今经济飞速发展的苏南。多少年来，望江兴叹的南通人，心里都会有一个共同的愿望：给我一个跨江通道，还世界更多奇迹。跨越天堑，成为几代崇川儿女的不懈追求。

新世纪到来，千年跨江之梦迎来了梦圆时刻。《江苏省长江经济带综合立体交通运输走廊规划（2018~2035)》，其中，长江南通段规划了八条过江通道。目前，三条建成，三条开工，两条进行前期工作。

沪苏通大桥为公铁两用桥

　　"八龙过江"，是南通人全力补齐过江通道短板的新机遇，也是重构长江南北的经济地理格局的大手笔。

　　2002年10月30日，苏通长江公路大桥奠基。这座大桥位于崇川区东南部南通农场沿江大堤3号丁坝到苏州常熟间，是长江南通段第一座过江大桥，也是南通过江通道"八龙过江"中横空出世的"第一龙"。

　　苏通大桥由中交公规院设计，中交二航局、中铁大桥局、中交二公局施工。在当时，这座桥集世界最大群桩基础、最高斜拉桥塔、最长斜拉索、最大斜拉桥主跨等四个"世界第一"于一身，其中，1088

沪苏通长江大桥雄姿

米的主跨是世界斜拉桥领域的首次千米跨越，是中国由世界桥梁大国向世界桥梁强国迈进的关键一步。2008年6月30日，苏通大桥通车，大桥将南通市中心城区崇川区与上海市的陆路时间距离压缩到2个小时。时任国家科技部部长徐冠华院士将苏通大桥称为"中国自主创新的一面旗帜"。在大桥贯通后，大桥的总设计师张喜刚当选中国工程院院士。

就在苏通大桥建成通车后不久，"第二龙"趁势而上。2008年9月1日，崇启长江公路大桥奠基。崇启大桥由中交公规院许春荣担任总设计师，中交二公局等单位施工。2011年12月24日，崇启大桥通车。这座大桥与上海长江大桥、上海长江隧道共同构成了"两桥一隧"沪崇苏大通道。它的通车，对南通而言，意味着无缝直接对接上海；对国家而言，意味着纵贯长三角、中原、关中的东西向高速公路主干线沪陕高速G40全线贯通。

2014年3月1日，沪苏通长江大桥开工。它是南通"八龙过江"的"第三龙"。大桥紧邻崇川区西北部的五接－芦泾桥位，是一座公路铁路两用长江大桥。上层为南通到无锡的高速公路，双向六车道；下层为四线铁路，下游侧双线为上海至南通的沪苏通铁路，上游侧两线为通苏嘉甬高速铁路。这座大桥由中铁大桥院设计，大桥院总工高宗余院士担任总设计师，中铁大桥局和中交二公局负责施工，大桥的主跨达到1092米，是人类高速铁路史上的首次千米跨越。2020年7月1日，沪苏通长江大桥通车。它打通了中国高铁八横八纵骨干网沿江通道和沿海通道的"任督二脉"，为南通"高铁建枢纽，普通成网络，货运连江海，客运通四方"奠定了基础。

2022年，南通过江通道建设进入了加速度状态。"八龙过江"中的三条通道相继动工。

6月28日，张靖皋长江大桥动工。这座大桥由中交公规院王仁贵大师担任总设计师，主跨达到2300米，建成后将成为世界上跨度最大的桥梁，拥有六项世界之最，六项世界首创。大桥位于扬子江城市群的中心地带，建成后将在南通、苏州、泰州、无锡之间形成便捷的过江通道。

9月7日，海太长江隧道开工。这条隧道是通常高速公路和如通苏湖铁路的组成部分。其公路隧道全长11185米，直径16米，是国内最大直径、最长穿越距离的公路盾构隧道。隧道由铁四院设计，铁四院高级工程师张迪担任总体设计负责人，中铁十四局和中交隧道局负责施工。它是连接南通与上海市中心的接线最顺畅、距离最近的通道。

9月28日，上海至南京至合肥段高速铁路动工。这条高铁的过江段以南隧北桥的方式过江，是南通"八龙过江"规划中的"第六龙"。

这条高铁时速 350 公里，实现了高铁过江不减速。从崇川区的南通火车站到上海大约需要 40 分钟，是南通到上海速度最快的一条通道。

苏通第二过江通道是"八龙过江"的"第七龙"。目前，这条通道正在环评公示阶段。崇海通道是"八龙过江"的"第八龙"，这条通道将在十四五期间动工。

八龙腾飞，南通好通。八条过江通道全部建成后，南通平均每 20 公里江岸线就有一个过江通道。

未来，年旅客吞吐量达 4000 万人次的南通新机场，将通过北沿江高铁无缝衔接上海虹桥、浦东两大机场。作为万亿南通的中心城区，在"八龙过江"的新时代，正以一条条世界级过江通道接轨上海，融入苏南，走向世界。它们的背后，是一个巨变的中国。

拥抱大城时代，打造现代化新崇川

　　2020年11月12日，习近平总书记考察江苏，第一站就是崇川辖区的五山滨江片区。凭江临风，总书记用"沧桑巨变"赞美眼前的如画山水；在位于濠河之滨的南通博物苑，总书记仔细察看博物苑历史建筑，了解张謇创办实业、发展教育、兴办社会公益事业的情况，要求把南通博物苑和张謇故居建成爱国主义教育基地。习近平总书记的谆谆教诲，成为激励崇川儿女踔厉奋发、勇毅前行的崭新动能。

　　崇川依山傍江，又是南通主城，自古有"福地"美誉。步履铿锵，区划调整后的新崇川，聚焦打造展示南通城市发展水平、功能品质、精神气质的"主窗口"，明确"提升首位度、全省争进位，高水平建设社会主义现代化新崇川"的发展共识，为南通打造全省高质量发展重要增长极扛起主城担当，交出一张亮丽成绩单。

　　2020年，崇川区以经济总量全市第一的业绩，为南通跻身"万亿俱乐部"贡献主城力量。2021年，崇川区不仅实现经济总量蝉联第一，

南通新城远眺

还获评全国"两山"实践创新基地、全国社区治理和服务创新实验区等多项荣誉。2022年，崇川区以双招双引突破年、城市更新提升年、资源资产盘活年、基层基础夯实年等"四个年"为抓手，地区生产总值、一般公共预算收入等七项主要经济指标总量全市第一，老旧小区改造等十项重点工作全省领先。

自2020年以来，面对"七虎"竞南通的比拼，崇川区地区生产总值已连续三年位居全市首位，展现出强大的韧性和发展后劲。

区域发展，项目为王，优质项目是高质量发展的压舱石。2022年，崇川区上下一心，打出了一场项目建设的漂亮翻身仗：崇川专门部署"双招双引突破年"行动，项目建设综合考评连续四个季度扛红旗。在百亿级大体量、世界500强、央企三级总部等重大项目上，崇川实现突破。通富微电先进封测基地、欧莱雅、中铁集团三级总部等一批优质项目纷至沓来。国际知名会计师事务所毕马威布局长三角，排定的待选城市多达15个。关键时刻，崇川创新提出设立办事处这一"分步实施"的落户方式，促成双方最终签约。

"拼经济"，只争朝夕。克服疫情不利影响，2022年，崇川区在浙

改造一新的外滩小区

江、苏南等地举办各类主题招商活动 12 场，全年签约注册 5 亿元以上项目 45 个、总投资超 420 亿元，其中 10 亿元以上 12 个，20 亿元以上 5 个。2022 年，崇川科创项目数、有效发明专利量及增幅、科技型中小企业入库数、入选省独角兽、潜在独角兽企业数等，均列全市第一；新增各类市场主体近 2 万家，新开办企业数居全市第一。一座创新活力之城正在崇川大地强势崛起。

2023 年，兔年的新春佳节刚过，崇川的 36 个重大项目摁下"开工键"，全区上下以"时不我待、只争朝夕"的姿态，全力以赴开新局。"烟火气回来了！""南大街变潮了！"……兔年春节前，500 架无人机组成"新年第一秀"亮相南大街，令人惊艳。春节期间，这一传统商圈人头攒动、再现久违的热闹景象。人们惊喜地发现，南大街从内到外重新焕发生机。

崇川是南通主城区，着眼长远，崇川区启动"城市更新年"，推动老城新区交相辉映。

环濠河南大街片区是"老城核心"，2022 年，聚焦市委市政府提出的"四大商圈、两大集群"建设，崇川对该片区实施十大提升项目。丁古角北入口广场成功变身，西南营南关帝庙巷东入口打通，环濠河精品酒店精致餐饮集群雏形初现。

在老城焕新的同时，新城加速"上新"。任港湾五龙汇片区十大重点工程全面启动，这里定位南通城市副中心，成为主城集聚高端业态的重要载体和资源整合、空间优化的点睛之笔。

让绿色成为发展的最美底色。五山滨江片区共关停"散乱污"企业 203 家，修复岸线 12 公里。新增森林面积超过 6 平方公里，森林覆盖率 80% 以上。崇川区以创建"两山"实践创新基地为动力，持续织密城市绿网，构建多层次、立体化的生态景观体系，持续推进长江大保护、环濠河整治、黑臭水体整治、透景增绿、污染防治攻坚等工作，建设生态绿色、人城和谐的花园城区。

50 个老旧小区改造项目全部竣工、全市首个回迁安置项目阳光悦城封顶，14.5 公里沿江生态景观带基本贯通，环濠河绿道入选省公众喜爱的高品质绿色空间。作为南通城市形象"主窗口"，美丽崇川不断刷新城市颜值气质。

坚持有机更新，彰显主城历史文化底蕴，塑造江海特色城市风貌。崇川区加快推进南关帝庙、天宁寺、静业庵、城山烟墩遗址等文保单位保护修缮，统筹做好寺街、西南营和唐闸历史文化街区的保护建设工作。重点推进文峰公园、盆景园、长桥至南通群英馆地块的景观提升，以及体育公园的综合改造。崇川区以"四圈两群"建设为抓手，努力推动南通"传统第一商圈"焕新出彩、人气提升。

"长街短巷，市井烟火"，是城市最温暖的所在。把群众对美好生活的向往作为奋斗目标，崇川区每年新增财力 70% 以上用于民生领域。2022 年，崇川区 10 大类 45 项重点民生实事工程扎实推进，崇川福地正在迈向幸福高地。

让人才近悦远来，构建从"一张床"到"一间房"，再到"一套房"

交通路网四通八达

的多层次住房保障体系；坚持幼有所育，建立 3 岁以下婴幼儿照护服务体系，本土托育"1+N"品牌获国家部委肯定；坚持学有优教，加快教育集团一体化进程，普惠性学前教育供给率超 96%，创成全国社区教育示范区；坚持病有良医，全区 16 家社区卫生服务中心与市属医院建立医联体合作机制；大力推进富民增收，城镇居民人均可支配收入 5.6 万元；诸如此类。这些暖心的民生成绩单，见证着崇川福地百姓生活幸福感的不断提升。

　　长江潮涌，五山云起。朝着产业发展量质齐升、老城新区交相辉映、新老居民安居乐业的目标，新时代的崇川正持续聚力"四个年"，不断提升首位度，在新征程上全面推进中国式现代化崇川新实践。